M. BLEWITT · PRAKTISCHES NAVIGIEREN NACH GESTIRNEN

MARY BLEWITT

Praktisches Navigieren nach Gestirnen

Deutsche Übersetzung
Philipp v. Schoeller jr.

Verlag Klasing & Co GmbH Bielefeld - Berlin

ISBN 3-87412-033-3

Titel der englischen Originalausgabe
CELESTIAL NAVIGATION FOR YACHTSMEN

Die Rechte für die deutsche Ausgabe liegen beim Verlag Klasing & Co GmbH Bielefeld - Berlin
Printed in Germany 1971
Druck: Kunst- und Werbedruck, Bad Oeynhausen-Eidinghausen

Vorwort zur ersten Auflage

Es ist mir eine Freude, zu diesem Buch ein kurzes Vorwort beizusteuern. Ich bin sicher, daß es dem echten Bedürfnis nach einer zeitgemäßen Anleitung Rechnung trägt, die auf dem Gebrauch von einfachen Tafeln beruht und ganz vom Gesichtspunkt eines Yachtsportlers aus geschrieben ist — von einem anderen als dem eines Flug- oder Schiffsnavigators.
Der Verzicht auf unnötige Details im Text des Buches hat es nach meiner Meinung ermöglicht, einem echten Mangel abzuhelfen, nämlich richtige Schwerpunkte innerhalb der verschiedenen Bereiche des behandelten Stoffes zu setzen. Das Ergebnis ist eine klar verständliche und auch praktisch verwendbare Arbeit, die gerade genügend theoretische Erklärungen zur Aneignung der nötigen Grundkenntnisse für die behandelte Materie enthält.

Captain i. R. (E) J. H. Illingworth, R. N.

Einleitung

Seit der ersten Ausgabe dieses Buches im Jahre 1950 hat sich auf dem Gebiet der Navigation vieles geändert. Während auf großen Schiffen und in Flugzeugen elektronische Hilfsmittel weitgehend die Bedeutung der astronomischen Navigation in den Hintergrund treten ließen, hat es die zunehmende Ausbreitung des Yachtsports mit sich gebracht, daß eine viel größere Zahl von Amateuren sich auf Sonne, Mond und Sterne verlassen muß, um ihren Weg über die hohe See zu finden. Früher herrschte oft eine gewisse Scheu vor der astronomischen Navigation unter den Yachtnavigatoren, und es gab eine gewisse Neigung, sie als eine Art „Schwarze Kunst" anzusehen; man nahm von vornherein an, daß diese Kunst für einen normalen Menschen zu kompliziert wäre, um sie zu verstehen. Diese Einstellung ist heute verschwunden, denn die größeren Schulkenntnisse in Mathematik haben eine Generation hervorgebracht, die viel weniger Angst vor Zahlen hat als die frühere.

Dieses Buch ist für Anfänger geschrieben, und ich habe vorausgesetzt, daß der Leser genau so wenig weiß und genau so verwirrt ist, wie ich es als Anfänger war. Trotzdem bin ich sicher, daß er den Inhalt schließlich doch nicht für zu kompliziert halten wird, da insbesondere nichts anderes erforderlich ist als die Fähigkeit zu addieren und zu subtrahieren nebst einigen elementaren Kenntnissen der Geometrie. Die Schwierigkeit besteht — wie überhaupt bei der Navigation — nur darin, die Bedeutung der verfügbaren Daten richtig einzuschätzen und die Genauigkeit des Ergebnisses richtig zu beurteilen. Wenn ein Navigator nicht weiß, ob seine Standlinie eine Seemeile oder zwanzig Seemeilen von der Küste entfernt verläuft, hätte er es genau so gut unterlassen können, eine Höhenmessung vorzunehmen. Die eigentliche Arbeit des Lesers wird erst beginnen, wenn er dieses Buch durchgearbeitet und genügend oft Höhenmessungen durchgeführt hat, um sich eine eigene Meinung über den tatsächlichen Wert seiner Beobachtungen zu bilden.

Ich habe vermieden, auf überflüssige Details einzugehen. Das hat eine Anzahl geringfügiger Ungenauigkeiten zur Folge. So sage ich zum Beispiel, daß auf der Erdoberfläche eine Seemeile gleich einer Bogenminute auf der Erdoberfläche ist. Das ist — streng genommen — nicht ganz richtig. weil dieses Maß am Äquator und an den Polen etwas differiert, aber dies spielt in der praktischen Navigation überhaupt keine Rolle. Ich habe auch der Einfachheit halber die Erwähnung solcher Einzelheiten wie „Himmelsäquator" und „wahrer Horizont" unterlassen. Sollte der Leser die Theorie der Navigation genauer studieren wollen, so bieten sich als deutschsprachige Werke an: H. Eichel, Ortsbestimmung nach Gestirnen; H. C. Freiesleben, Navigation; Meldau-Steppes, Lehrbuch der Navigation; W. Stein, Astronomische Navigation.

Während der letzten zwanzig Jahre wurden die nautischen Jahrbücher und Tafeln sehr wesentlichen Veränderungen unterworfen. Der „Air Almanac", der zum Beispiel in früheren Ausgaben dieses Buches verwendet wurde, geht jetzt mehr ins Detail und ist daher weniger geeignet für Yachtsegler, während der „Nautical Almanac" anders gegliedert und vereinfacht wurde, so daß ich mich schweren Herzens entschließen mußte, für die Beispiele in dieser Ausgabe auf den „Nautical Almanac" überzugehen. Ich bin aber den „Air Tables" (A. P. 3270, entsprechende US-Ausgabe H. O. 249) treu geblieben, weil die Tafeln, die gegenwärtig in der Seefahrt verwendet werden, zu kompliziert sind; sie werden zudem bald durch neue Tafeln ersetzt, deren Veröffentlichung gerade vorbereitet wird.

Nur wenige Amateurnavigatoren können hoffen, jemals das Fachwissen eines Berufsnavigators — geschweige das eines Hydographikers — zu erlangen. Nur ständige tägliche Beobachtungen durch Jahre hindurch können allein das Selbstvertrauen und die Genauigkeit bringen, die den wirklichen Experten auszeichnet. Das heißt aber nicht, daß der Anfänger nicht genügend genaue und selbst bei grober See verwendbare Beobachtungen machen kann, und ich versichere jedem Anfänger, daß das Triumphgefühl die Mühe lohnt, wenn eine Standortbestimmung sich als richtig erweist. Es ist nur der erste Schritt schwierig. Nimm eine Höhe, und du wirst ein wenig verwirrt sein; nimm die zweite, und der Nebel wird sich lichten; nimm ein Dutzend weitere, und du wirst nicht mehr verstehen, was für ein Theater vorher um das alles gemacht wurde.

Ich habe mich in diesem ganzen Buch bemüht, verständlich zu bleiben und kann nur hoffen, daß meine Erklärungen einfach und klar genug sind, um den angehenden Navigator zu ermutigen, mit ausreichendem Wissen über sein Vorhaben Gestirne zu „schießen", und daß er mit einem gewissen Maß an Selbstvertrauen damit auch zum Ziel kommen wird.

Rom, 1971.

Mary Blewitt

Quellennachweis

Die Tabellen (Anhang A—E) aus „The Nautical Almanac" sind „Crown Copyright" und wurden mit Genehmigung von *Her Majesty's Stationery Office* abgedruckt. Die Tafeln (Anhang F—H) aus H. O. 249 (A. P. 3270) wurden mit Genehmigung des *U.S. Naval Oceanographic Office* wiedergegeben.

Inhalt

Erster Teil: Theorie

Zweiter Teil: Praxis

Anmerkungen

Legende zu den Diagrammbezeichnungen

Dieser Schlüssel gilt für alle Abbildungen in diesem Buch.

P, P′	Nord- und Südpole
E, E′	Äquator
H, H′	Horizont
Q	Erdmittelpunkt
X	Geographischer Bildpunkt des jeweils behandelten Gestirns.
Z	Beobachter
Z′	Zenit des Beobachters
G	jeder beliebige Punkt auf dem Greenwich-Meridian.

Aus dem Vorgesagten folgt:
Die Linie PZ ist ein Teil des Meridians des Beobachters. Die Linie PX ist ein Teil des Meridians des geographischen Bildpunktes des jeweils behandelten Gestirns. Die Linie PG ist ein Teil des Greenwich-Meridians. Diese Buchstaben werden in der Folge nicht mehr erläutert, soweit nicht eingehendere Beschreibung nötig ist.

Abkürzungen

BST	British Summer Time (Britische Sommerzeit)
DR	Dead reckoning (Deutsch: Koppelrechnung)
GHA	Greenwich hour angle (Deutsch: Greenwich-Stundenwinkel)
GMT	Greenwich Mean Time (Deutsch: Mittlere Greenwich-Zeit, MGZ)
GP	Geographical position (Deutsch: Geographischer Bildpunkt oder einfach: Bildpunkt)
IE	Index error (Deutsch: Indexfehler)
LHA	Local hour angle (Ortsstundenwinkel)
SD	Semi-diameter (Deutsch: Halbmesser r)
NT	Nautical Twilight (Nautische Dämmerung)
A. P.	Air Publication (Air Ministry)
H. D.	Hydrographic Department (Admiralty)
H. O.	Hydrographic Office (U. S. Naval Oceanographic Office)

Anmerkungen des Übersetzers:

1. Um Verwechslungen zwischen 0 (Null) und O (Ost) zu vermeiden, wurde statt O (Ost) stets der Buchstabe E (East) verwendet.

2. Uhrzeiten werden gemäß Internationalem Signalbuch in vier Ziffern im Lauftext angegeben, die ersten beiden für Stunden, die letzten beiden für Minuten; falls nicht anders vermerkt, ist GMT gemeint.

Erster Teil: Theorie

Um die Theorie einer Standortbestimmung zu verstehen, müssen verschiedene Grundsätze geklärt und bestimmte Begriffe erlernt werden.

Gestirne

Wir navigieren unter Zuhilfenahme der Sonne, des Mondes, der Planeten und der Fixsterne. Vergiß, daß die Erde sich mit den unendlich weit entfernten Fixsternen um die Sonne bewegt, und stelle dir vor, daß die Erde der Mittelpunkt des Universums sei und daß alle Gestirne langsam um uns kreisen, wobei die Fixsterne ihre relative Lage zur Erde beibehalten, während Sonne, Mond und Planeten ihre Stellung zueinander und zu den Fixsternen verändern. Diese vorkopernikanische Vorstellung fällt uns leicht, wenn wir beobachten, wie die Gestirne auf- und untergehen, und diese Betrachtungsweise hilft uns auch bei der praktischen Navigation.

Bildpunkt (Geographische Position, GP)

In jedem Augenblick während des Tages oder der Nacht gibt es einen Punkt auf der Erdoberfläche, der senkrecht unter der Sonne liegt. Das ist der Bildpunkt (GP) der Sonne, und er liegt dort, wo die vom Erdmittelpunkt zur Sonne gezogene Gerade die Erdoberfläche schneidet. Dieser Punkt liegt in Abb. 1 bei X.
Nicht nur die Sonne, sondern alle anderen Gestirne haben ihre GP, deren Lage zu jedem beliebigen Zeitpunkt dem Almanach oder Nautischen Jahrbuch entnommen werden kann. Der GP wird bestimmt durch die Deklination und den Stundenwinkel.

Deklination (Abb. 2)

Die Deklination eines Gestirns ist der Breitengrad (kurz „Breite") seines GP. Sie wird in (Breiten-)Graden nördlich bzw. südlich des Äquators gemessen. Die Deklination der Sonne schwankt zwischen 23° Nord in der Mitte des Sommers, wenn sie den Wendekreis des Krebses erreicht, und 23° Süd in der Mitte des Winters am Wendekreis des Steinbocks. Im Frühjahr und im Herbst, während der Tag- und Nachtgleiche (wenn die Sonne den Äquator überquert), ist ihre Deklination 0°. Die Deklination der Sonne ändert sich im Verlauf des Jahres alle vier Tage durchschnittlich um ein Grad. Aber das Tempo der Änderung schwankt beträchtlich: Am 10. Juni 1971 um 17.00 ist die Deklination der Sonne 23°00.1′N und der GP der Sonne bleibt bis um 10.00 am 3. Juli, an dem er wieder 23°00.1′N liegt, nur ganz wenig nördlicher. (Ein Zeitraum von über drei Wochen, durch den wir unsere langen Sommerabende haben.)

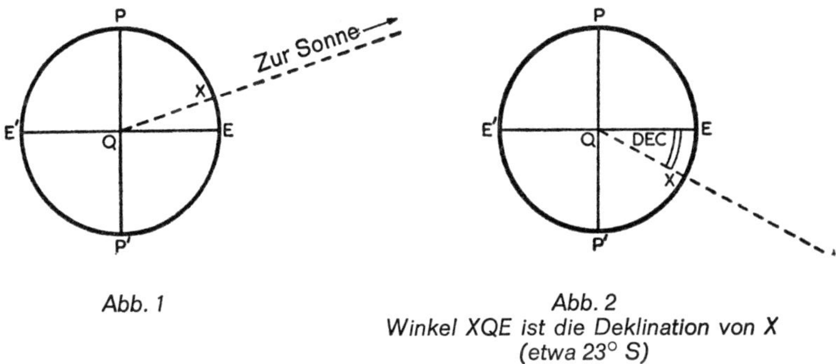

Abb. 1

Abb. 2
Winkel XQE ist die Deklination von X (etwa 23° S)

Andererseits ändert sich die Deklination alle zweieinhalb Tage während der Tag- und Nachtgleichen um ein Grad.

Die Deklination des Mondes schwankt zwischen 28°30′N und 28°30′S. Sie ändert sich verhältnismäßig schnell; manchmal bis zu sechs oder sieben Grad in 24 Stunden. Die Deklination der Planeten ändert sich langsam und die Änderungen sind bei allen von 29°N und 29°S begrenzt. Die Deklinationen der Fixsterne sind im wesentlichen konstant und ändern sich während des Jahres nur um weniger als eine Winkelminute. Die Deklinationen der Gestirne sind im Nautical Almanac für jede Stunde des Tages angegeben und können, wenn nötig, unter Zuhilfenahme von Tafeln bis auf eine Minute genau interpoliert werden.

Stundenwinkel

Der GP irgendeines Gestirns liegt nicht nur auf einem Breitenparallel, sondern auch auf einem (Längen-)Meridian. Dieser Meridian wird mit Hilfe des Stundenwinkels bestimmt. Er unterscheidet sich zwar von dem Begriff „Länge" durch einige Merkmale. Betrachten wir dazu die Sonne. Wenn du zu Mittag auf dem Greenwich-Meridian in England stehst und siehst die Sonne also genau im Süden, dann ist ihr Stundenwinkel 0°. Zwei Stunden nach Mittag ist ihr Stundenwinkel gleich 2 h. Später geht die Sonne unter, kreist um die andere Seite der Erde, geht wieder auf und ihr Stundenwinkel wächst, bis er um 11.00 Uhr 23 h beträgt. Zu Mittag hat die Sonne den Kreis geschlossen; ihr Stundenwinkel beträgt 24 h, und er fängt wieder mit 0 h an, sobald die Sonne den Greenwich-Meridian kreuzt. Wenn der Stundenwinkel vom Greenwich-Meridian aus gemessen wird, nennt man ihn Greenwich-Stundenwinkel (Greenwich Hour Angle, GHA). Er wird immer in westlicher Richtung gemessen und wurde früher in Zeit, heute als Winkel in Graden, Winkelminuten und -sekunden angegeben. (Einmal um die Erde sind also 24 Stunden oder 360 Grad.)
Du könntest wohl sagen, daß du an Hand einer genauen Uhr feststellen könntest, welches Stück Weges die Sonne um die Erde zurückgelegt hat, und du den Stundenwinkel bestimmen kannst, indem du einfach die Zeit feststellst. Das trifft aber nicht zu, denn die Sonne hält eine gleichmäßige („mittlere") Zeit nicht ein und ist manchmal der GMT um ganze 20 Minuten voraus oder hinterher. Deshalb muß der GHA der Sonne dem Nautischen Jahrbuch oder Almanach entnommen werden, wo er für jede Stunde eines jeden Tages tabelliert ist. Unter Zuhilfenahme von Schalttafeln wird er dann bis auf die Minuten und Sekunden genau interpoliert.

In Abb. 3 schauen wir von oben auf den Nordpol. Der GHA der Sonne wird in westlicher Richtung vom Greenwich-Meridian gemessen, wie es der Pfeil anzeigt. Es ist Greenwich Vormittag, weil die Sonne sich von

Osten dem Greenwich-Meridian nähert. Der GHA ist etwa 21 h oder 315°. (360° = 24 Stunden; daher 15° = 1 h.)
Nun kann aber der Stundenwinkel nicht nur ausgehend vom Greenwich-Meridian, sondern von jedem beliebigen Meridian gemessen werden. Wenn er von dem Meridian gemessen wird, auf dem du dich als Beobachter gerade befindest, wird er Orts-Stunden-Winkel (Local Hour Angle, LHA) genannt. Auch LHA wird in westlicher Richtung gemessen.

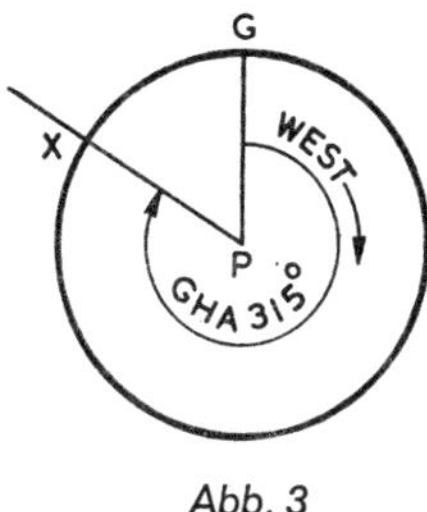

Abb. 3

Wenn du dich westlich von Greenwich befindest, ist der LHA kleiner als der GHA, weil die Sonne Greenwich passiert hat, bevor sie deinen Meridian passiert, — also ist der GHA der größere. Bist du östlich von Greenwich, ist der LHA größer als der GHA, weil die Sonne deinen Meridian vor dem Greenwich-Meridian gekreuzt hat. Während der GHA dem Almanach entnommen wird, findest du den LHA durch Addition oder Subtraktion der Länge deines Standortes zum oder vom GHA.
(Hier angelangt magst du die berechtigte Frage stellen, wie denn du deine Länge addieren oder subtrahieren kannst, wo sie doch gerade das ist, was du herauszufinden versuchst. Die Frage ist berechtigt; für einen Augenblick nimm aber an — oder stelle dir vor —, daß du die Länge kennst. Du wirst noch sehen, warum du auf diese Annahme eingehen kannst.)
Überlege folgende vier Beispiele:

Beispiel A (Abb. 4)

Du bist irgendwo in Canada (Länge 75° W) um 13.00 Ortszeit. Da es eine Stunde nach deinem Mittag ist, wird die Sonne vor einer Stunde deinen

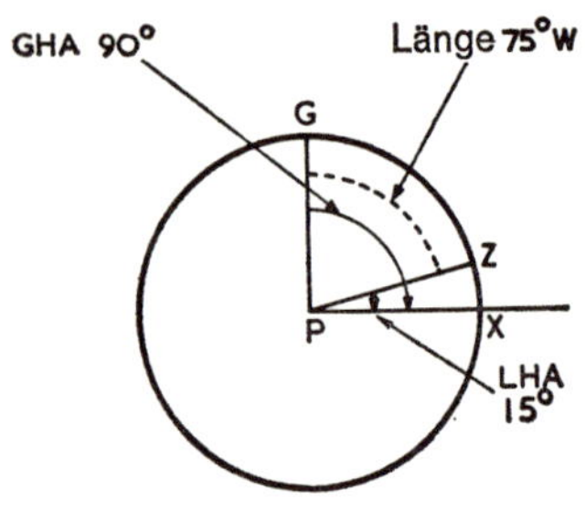

Abb. 4

Meridian gekreuzt haben, und der LHA (durchgezogene Linie) beträgt eine Stunde (15°). Aber es ist viel Zeit vergangen, seitdem die Sonne den Greenwich-Meridian überschritten hat, also ist der GHA (durchgezogene Linie) viel größer, nämlich die 75° deiner Länge (Strichellinie) plus den 15°, die die Sonne zurückgelegt hat, seitdem sie deinen Meridian kreuzte;

macht zusammen 90° (6 h). Es gilt für westliche Längen:

GHA — Länge des Beobachterstandorts = LHA
hier: 90° GHA — 75° W = 15° LHA

Beispiel B (Abb. 5)

Du bist in Italien (Länge 15° E) um 11.00 Ortszeit. Der LHA (dicke Maßlinie) ist 23 h oder 345°, weil es eine Stunde vor deinem Mittag ist. Die

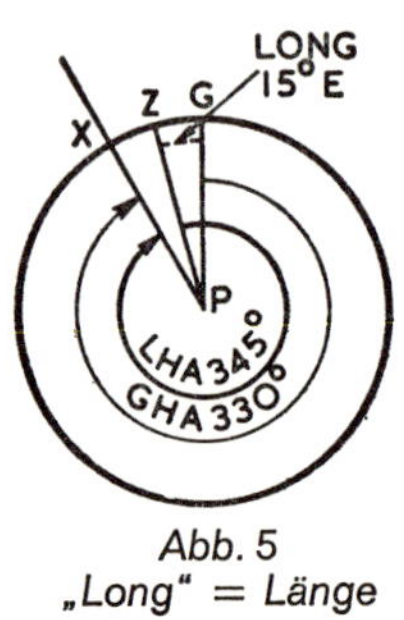

Abb. 5
„Long" = Länge

Sonne hat aber noch einen weiteren Weg zurückzulegen, um den Greenwich-Meridian zu erreichen, also ist der GHA (dünne Maßlinie) nur 22 h oder 330°. Auf östlichen Längen gilt:

GHA + Länge des Beobachterstandorts = LHA
330° GHA + 15° E = 345° LHA

Beispiel C (Abb. 6)

Du bist irgendwo im Atlantik, und die Sonne hat gerade den Greenwich-Meridian passiert, so daß der GHA — sagen wir — 1 h 30 min oder

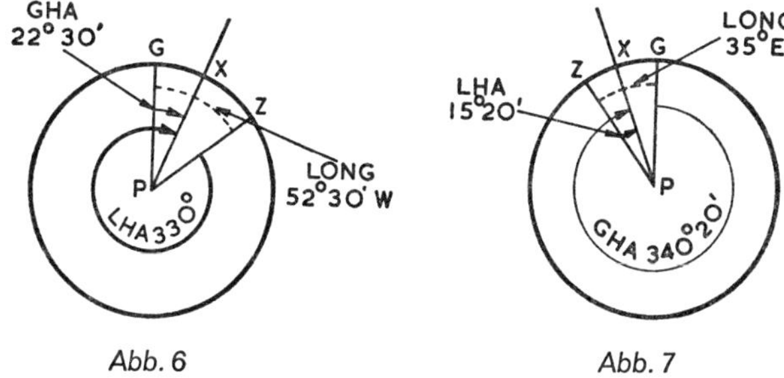

Abb. 6 *Abb. 7*

22°30' beträgt; aber die Sonne hat noch nicht deinen Meridian PZ erreicht. (Länge 52°30' W). Auf diesem Meridian ist es erst 10.00 LMT (local meantime = mittlere Ortszeit) und der LHA beträgt daher 22 h oder 330°. Trotzdem gilt die vorherige Regel; denn der Beobachter befindet sich westlich von Greenwich, also: GHA — Standortlänge = LHA, aber da die Subtraktion, so wie sie da steht, unmöglich ist (22°30' — 52°30' = LHA) müssen wir 360° dem GHA hinzuzählen, um folgendes Resultat zu erhalten:

382°30' — 52°30' = 330°

Beispiel D (Abb. 7)

Hier bist du im östlichen Mittelmeer (Länge 35° E). Die Sonne hat deinen Meridian passiert, hat aber noch nicht den Greenwich-Meridian erreicht. Der LHA ist daher klein, doch der GHA ist groß; sagen wir 22 h 41 min oder 340°20′. Da dein Längenmeridian östlich von Greenwich verläuft, lautet die Rechnung:

GHA + Standortlänge = LHA
340°20′ + 35° = 375°20′

Hier sehen wir, daß der LHA größer ist als 360°, daher müssen wir 360° subtrahieren, so daß wir LHA = 15°20′ erhalten. Wir können jetzt feststellen:

$$\text{LHA} = \text{GHA} \begin{array}{c} + \text{östliche} \\ - \text{westliche} \end{array} \text{Länge}$$

Wenn bei einer östlichen Länge die Summe größer wird als 360°, dann werden 360° von dieser Summe subtrahiert, um den LHA zu erhalten. Wenn bei westlicher Länge der GHA kleiner ist als die Länge, dann werden vorerst zum GHA 360° addiert, um die Subtraktion zu ermöglichen. Diese Zeichnungen gelten nicht nur für die Sonne, sondern auch für alle Gestirne, aber es ist klar, daß nur die Sonne den Greenwich-Meridian zu Mittag überquert. Nautisches Jahrbuch und Nautical Almanac geben die täglichen Zeiten (GMT) an, zu denen Mond und Planeten den Greenwich-Meridian überschreiten. Sie geben auch den Zeitpunkt der Meridianüberquerung (Transit) des „Aries" (Frühlingspunktes) an, von dem ausgehend die Meridianüberquerungen der Fixsterne berechnet werden (s. Seite 59). Das genaue Verständnis aller Überlegungen im Zusammenhang mit dem Stundenwinkel ist unbedingt nötig und es scheint mir hier angebracht, noch einmal zusammenzufassen, was ich bisher erklärt habe.

Der Stundenwinkel unterscheidet sich von der Länge in dreifacher Hinsicht:

1. Er kann (selten zwar) in Zeit oder in Winkelgraden gemessen werden, und Umrechnungstabellen sind in vielen nautischen Jahrbüchern und in den meisten nautischen Tafeln enthalten.
2. Er wird nur in westlicher Richtung gemessen.
3. Er erscheint als:
   a) GHA — gemessen vom Greenwich-Meridian,
   b) LHA — gemessen vom Meridian des Beobachters,
   c) „Sideral Hour Angle" (SHA = Sternwinkel). Dieser wird später auf Seite 59 behandelt.

Der GHA jedes Gestirns kann dem nautischen Jahrbuch für jeden beliebigen Tag und Augenblick des Jahres entnommen werden, und der LHA wird durch Addition oder Subtraktion des Längengrades des Beobachters zum oder vom GHA erhalten.
Wir wollen uns noch einmal für einen Augenblick dem GP, dem Bildpunkt, zuwenden: Es sollte jetzt eindeutig klar geworden sein, daß der GP jedes Gestirns bestimmt wird durch seine Deklination und seinen GHA, und daß also für jeden beliebigen Augenblick dieser GP eines Gestirns in eine Seekarte eingezeichnet werden kann, obwohl dies in der Praxis fast niemals notwendig sein wird.

Zenit

Wenn eine Gerade vom Erdmittelpunkt durch deinen Standort und hinaus in den Weltraum gezogen würde, so würde sie zu deinem Zenit führen. Mit anderen Worten ist das jener Punkt im Weltraum, der sich genau über deinem Kopf befindet. Wenn du z. B. auf dem GP der Sonne ständest, würde die Sonne in deinem Zenit stehen.

Horizont

Da es unmöglich ist, um die Ecke zu schauen, können wir nur verhältnismäßig wenig von der Erdoberfläche sehen, die sich ja nach allen Richtungen von uns wegwölbt. Der Horizont ist eine Ebene in Seehöhe, die tan-

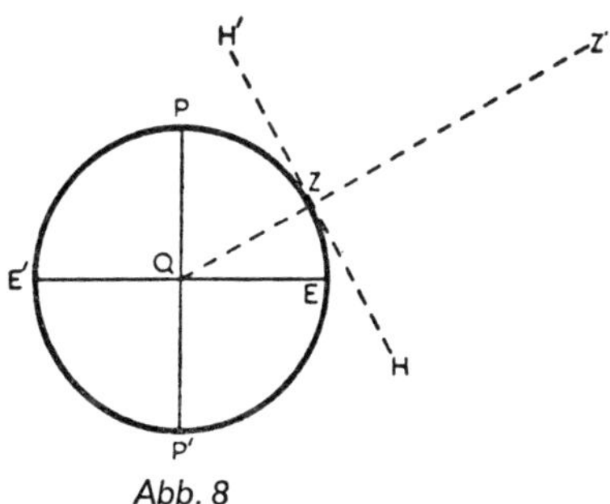

Abb. 8

gential die Erdoberfläche im Standort des Beobachters berührt. Diese Ebene bildet mit der Richtung des Zenits des Beobachters einen rechten Winkel. In Abb. 8 ist HH′ die Tangente zur Erdoberfläche in Z und Z′ZH und Z′ZH′ sind rechte Winkel.

Höhe

Die Höhe ist der Winkel, der vom Standort des Beobachters zwischen der Sonne (oder anderem Gestirn) und dem Horizont unterhalb der Sonne gemessen wird.

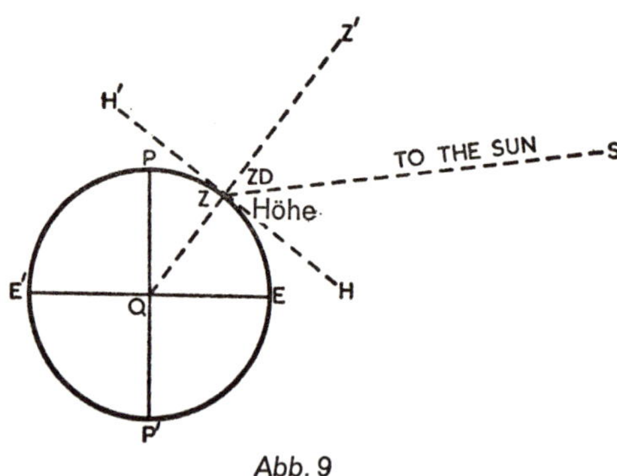

Abb. 9

In Abb. 9 ist HZS die Sonnenhöhe. Es ist der Winkel, den du vom Sextant abliest, wenn du eine Höhe mißt.*)

Zenitabstand oder Zenitdistanz

Die Zenitdistanz (ZD) ist der Komplementärwinkel der Höhe. In Abb. 9 ist es der Winkel Z′ZS. Höhe plus Zenitdistanz ergeben immer 90°.

*) An dem vom Sextant abgelesenen Winkel müssen allerdings noch einige ergänzende Korrekturen angebracht werden (siehe Seite 36 ff).

Der obere Pol

Jener Pol, dem der Beobachter näher ist, wird „oberer Pol“ genannt: auf der nördlichen Halbkugel der Nordpol, und auf der südlichen Halbkugel der Südpol.

Azimut und Azimutwinkel

Das Azimut ist die Himmelsrichtung, quasi Peilung (rechtweisend, nicht mißweisend) jedes Gestirns. Diese Richtung wird je nach der Messungsmethode Azimut (Zn) oder Azimutwinkel genannt. Azimutwinkel werden in östlicher oder westlicher Richtung von Norden oder Süden gemessen, was wieder vom „oberen Pol“ abhängt: auf der nördlichen Halbkugel von Nord nach 179° W oder E; auf der südlichen Halbkugel von Süd über Ost oder West bis 180°. Abb. 10 zeigt eine Reihe von Azimutwinkeln.

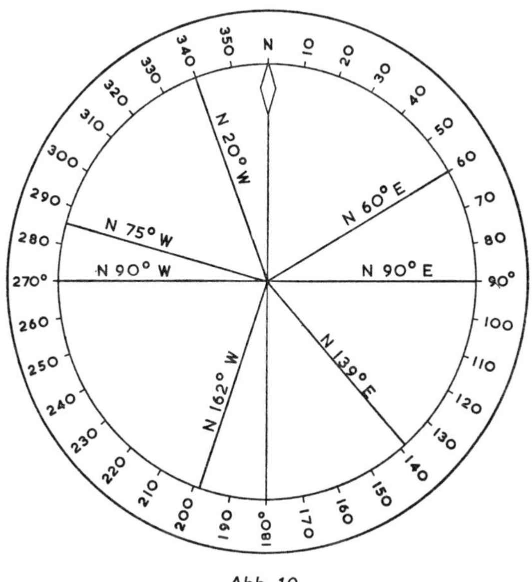

Abb. 10

Wenn man eine Höhenmessung vornimmt, wird das Azimut aus den Tafeln entnommen, in denen nur eine Zahl zu finden ist; ob diese nun N 145° E oder N 145° W ist, ergibt sich beispielsweise aus der Beantwortung der Frage, ob das Gestirn deinen Meridian überquert hat oder nicht. So wird z. B. am Morgen auf der Nordhalbkugel der Azimutwinkel der Sonne N zu E sein; am Nachmittag N zu W. Um den Azimutwinkel (Z) in das Azimut (Zn) zu verwandeln (die Peilung von Nord über Ost bis 360°), gilt in nördlichen Breiten folgende Regel:

LHA ist größer als 180° ..... Z = Zn
LHA ist kleiner als 180° ..... 360 — Z = Zn

Diese Regel ist auf jeder Seite der Inspektions-Tafeln zusammen mit ihrem Schema auch für die südliche Hemisphäre vermerkt.
Nehmen wir ein Beispiel: Auf 50° nördlicher Breite und mit einem LHA 22° (Nachmittag, die Sonne steht im Westen) und Z 145°, gilt 360° — 145° = 215° = Zn. Wenn du also während deiner Höhenmessung über deinen Kompaß gepeilt hättest (unter Berücksichtigung seiner Fehlweisung), hätte die Sonne 215° gepeilt. Es steht aber fest, daß das Azimut niemals genau genug mit einer Kompaßpeilung festgestellt werden kann und daher muß es den Tafeln entnommen werden.

Großkreise

Ein Großkreis ist jeder Kreis, dessen Mittelpunkt im Erdmittelpunkt liegt, und dessen Radius gleich groß ist wie der Abstand vom Erdmittelpunkt

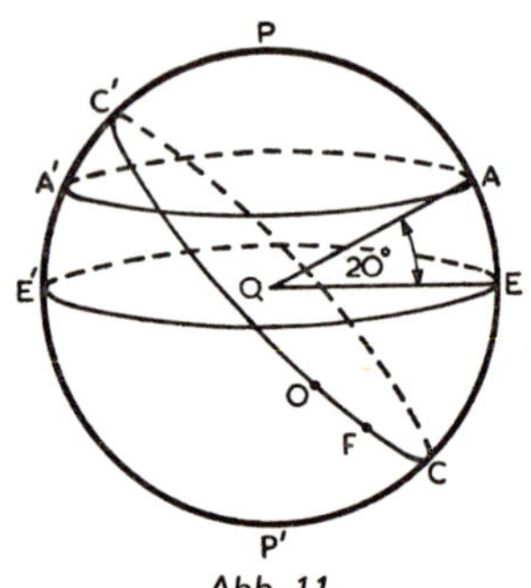

Abb. 11

zur Erdoberfläche. Der Äquator und die Meridiane sind Großkreise, aber Breitenparallele mit Ausnahme des Äquators sind es nicht, weil die Kreismittelpunkte der Breitenparallele nördlich oder südlich des Erdmittelpunktes liegen. Entfernungen auf einem Großkreis werden auf zwei Arten angegeben: in Seemeilen oder im Maß eines Winkels, dessen Scheitel im Erdmittelpunkt liegt.
Abb. 11 zeigt drei Großkreise: EE', CC' und den Kreis PEP'E'. AA' ist ein Breitenparallel, also kein Großkreis. Die Entfernung AE kann als Winkelbogen gemessen werden; sie bildet einen Winkel von 20° in Q mit dem Bogenmaß 20°. Sie kann auch in Seemeilen gemessen werden und, da eine Bogenminute auf der Erdoberfläche einer Seemeile entspricht, ist hier AE = 20 x 60' = 1200 Seemeilen. CC' ist ein Großkreis (obwohl er nicht ein Meridian ist, weil er nicht die Pole schneidet) und daher kann der Abstand zwischen O und F, zwei Punkten auf diesem Kreis, ebenfalls in Seemeilen oder in Bogenminuten gemessen werden, als Bogen eines Winkels mit dem Scheitel im Erdmittelpunkt Q.
Diese Meßmethode kann zwischen beliebigen zwei Punkten auf der Erdoberfläche angewendet werden (die kürzeste Distanz zwischen zwei Punkten auf der Erdoberfläche ist immer Teil eines Großkreises), und man sollte sich immer die Austauschbarkeit von Seemeilen und Bogenminuten vergegenwärtigen.

Greenwich Mean Time, GMT (mittlere Greenwich-Zeit, MGZ)

Die GMT ist jene Zeit der Sternwarte in Greenwich, nach der die ganze Welt ihre Zeit richtet. Sie ist ein Durchschnitt oder Mittel der Sonnenzeit, weil die Sonne nur selten den Greenwich-Meridian um 12.00 GMT überquert, da sie während des ganzen Jahres unregelmäßig vor- oder nachgeht. Der Nautical Almanac gibt die „Equation of Time" (Zeitgleichung) für Mitternacht und Mittag jedes Tages an und zeigt den Unterschied des Sonnenlaufs von der GMT.*) Ob die Sonne der GMT voraus oder hinterher ist, entnehmen wir der Spalte im Tagesblatt des Nautical Almanac, in der der Meridiandurchgang angegeben ist. So ist z. B. am 17. Juli 1971

*) Im Nautischen Jahrbuch des DHI stehen diese Angaben vor den Tagesseiten.

(Anhang A) für 12 h der Zeitausgleich (Eqn. of Time) 06 min 01 s; der Meridiandurchgang (Mer. Pass.) ist, auf die Minute gerundet, mit 12 h 06 m angegeben. Daraus ist zu entnehmen, daß die Sonne im Vergleich zum GMT-Mittag um 6 min 1 s zu spät ist.
Bevor man sich über den nächsten Teil dieses Buches macht, rate ich den Lesern, für die alles das neu ist, das bisher Gesagte noch einmal durchzulesen. Es ist wichtig, alles Vorhergehende gründlich zu begreifen, bevor man fortfährt.

Die Standlinie

Das Endergebnis jeder Höhenmessung an irgendeinem Gestirn ist eine gerade Linie auf deiner Karte, und dein Standort ist irgendwo auf dieser

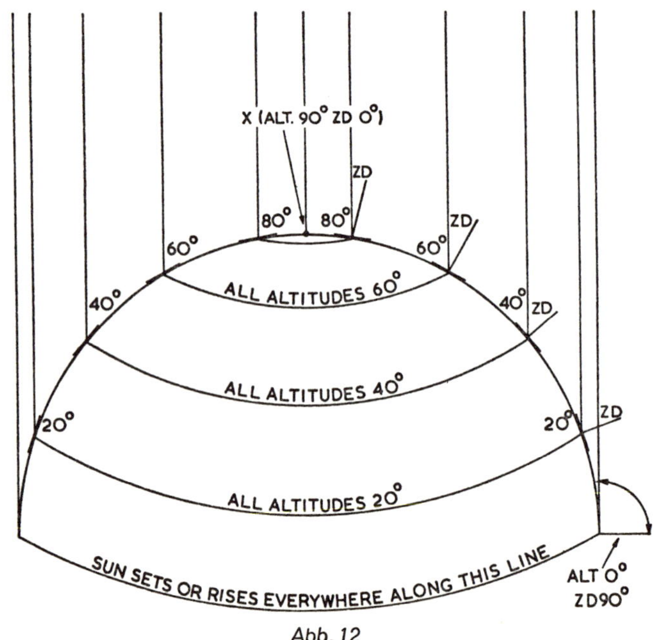

Abb. 12

Geraden. Wenn die Sonne in deinem Zenit steht und ihre Höhe 90° ist, gibt es nur einen Punkt auf der Erdoberfläche wo du sein kannst: auf dem GP (Bildpunkt) der Sonne. Wenn du dich von dem GP entfernst, wird sich die Höhe verringern, gleichgültig ob du dich nach Norden, Süden, Osten oder Westen bewegst. So weit du dich auch fortbewegst, du wirst dich auf einem „Standkreis“ befinden, der seinen Mittelpunkt im GP der Sonne hat — einem Kreis, der durch jene Punkte verläuft, von denen aus eine Höhenmessung das gleiche Ergebnis bringt. Abb. 12 zeigt, wie die Strahlen der Sonne (oder irgendeines Gestirns) die Erde treffen; der GP ist X, und wir sehen, daß der Standkreis umso größer wird, je weiter sich der Beobachter von X entfernt und je kleiner daher die Höhe wird. Die Höhe verringert sich, bis die Sonne hinter dem Horizont verschwindet: Höhe 0°, Zenitdistanz 90°.

Abb. 13 zeigt einen Standkreis und ein Azimut vom Beobachter zum GP; die Sonne steht im SW des Beobachters, der sich also auf dem nordöstlichen Teil des Standkreises befindet. Es ist aber leider unmöglich, das

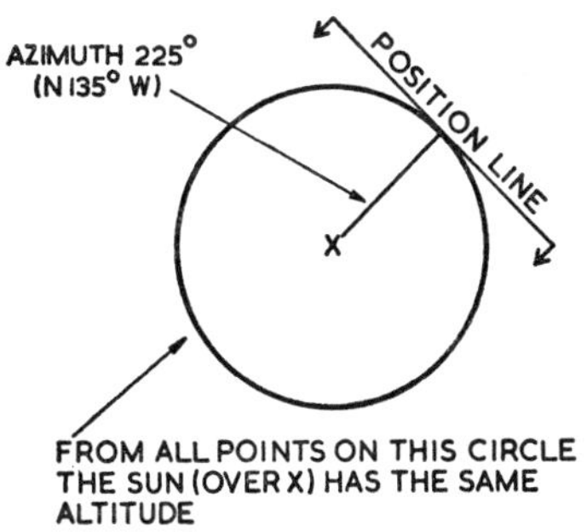

Abb. 13

Azimut der Sonne präzise zu peilen, um den genauen Standpunkt auf diesem Kreis zu erhalten. Das einzig Mögliche ist, eine Gerade im rechten Winkel zum genauesten Azimut zu zeichnen, das man erhalten kann und sich zu sagen: „Ich bin irgendwo auf dieser Linie“. Eine Gerade kann deshalb an Stelle eines Kreisbogens gezeichnet werden, weil die Entfernung

vom Mittelpunkt des Kreises so groß ist, daß es unmöglich ist die Kreiskrümmung auf der Karte zu zeichnen.
Es ist gut, sich vor Augen zu führen, wie sehr groß diese Standkreise sind. Wenn z. B. an einem Wintermorgen die Sonne über SW-Afrika steht und ihre Höhe in England ungefähr 12° beträgt, wird diese Höhe etwa noch an folgenden Orten gemessen: Greenwich, Kaspisches Meer, Madras, Südpol, Chile, Britisch Guayana und Azoren. Sogar an einem Mittsommer-Mittag, wenn die Sonne uns am nächsten ist und an ihrem höchsten Punkt steht (63°), geht der Kreis durch Greenwich, Istanbul, Kairo, Kongo, Kap-Verde-Inseln und Azoren.
Wir haben gesehen, daß die Standlinie einen rechten Winkel mit dem Azimut bildet und das hat eine Bedeutung nicht nur für Standortbestimmungen selbst, sondern auch für die Entscheidung darüber, wann die beste Zeit für Beobachtungen ist.

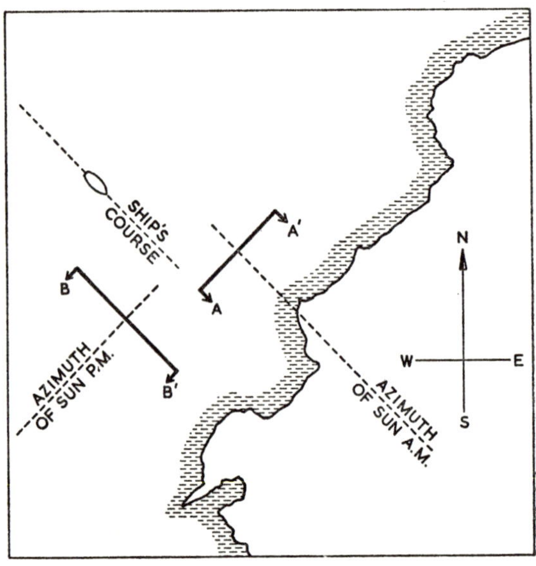

Abb. 14

In Abb. 14 näherst du dich einer fremden Küste aus NW und bist dir deiner Position nicht sicher. Eine Sonnenhöhe am Vormittag, wenn die Sonne im SE steht, bringt dir die Standlinie AA′, die deine Entfernung von der Küste feststellt. Eine Höhe am Nachmittag ergibt die Standlinie BB′, die dir sagt, auf welchen Punkt der Küste dein Kurs führt.

Meridiandurchgang (Transit)

Es gibt zwei gute Gründe, den Augenblick, in dem ein Gestirn den Meridian des Beobachters nördlich oder südlich von ihm überquert, für eine Höhenmessung auszunützen. Erstens ist keine Zeichnung (Plotting) erforderlich, denn die Standlinie verläuft, wie wir gesehen haben, rechtwinklig zum Azimut eines Gestirns, so daß deine Standlinie von Ost nach West verläuft, wenn das Gestirn deinen Meridian überquert und sich genau nördlich oder südlich von dir befindet. Eine von Ost nach West verlaufende Standlinie ist ein Breitenparallel. Zweitens ist die genaue Zeit nicht erforderlich, weil der Meridiandurchgang stattfindet, wenn das Gestirn seinen höchsten Punkt erreicht; kulminiert, wie das heißt.

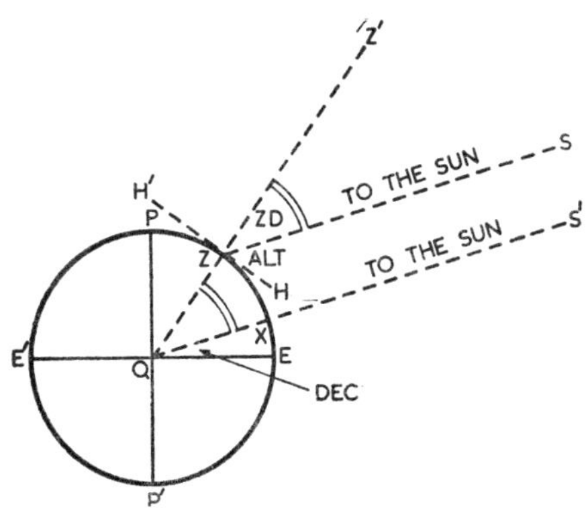

Abb. 15

Für derartige Beobachtungen wird gewöhnlich die Sonne benützt, als „Mittagshöhe“, und Polaris, der Polarstern, dessen Azimut auf jedem beliebigen Meridian Nord ist. Es gibt vier Fälle, die sich alle im Prinzip ähnlich sind.

1. In Abb. 15 ist PZXP′ der Meridian, auf dem die Punkte Z und X liegen. Die Gestirne sind so weit von der Erde entfernt, daß ihre Strahlen sie in prallelen Linien treffen und zwar als Strahlenbündel und nicht als Strahlenkegel (siehe auch Abb. 12). Wir haben hier zwei parallele Linien SZ und S′XQ, die die Gerade Z′ZQ schneiden. Daher sind die Winkel Z′ZS und ZQX gleich. Nun ist der Winkel Z′ZS der Zenitabstand (ZD), so daß wir die Größe dieser Winkel erhalten, wenn wir die Höhe (Alt) der Sonne im Augenblick ihres Meridiandurchgangs messen. (ZD = 90° — Höhe). Dem Nautischen Almanach entnehmen wir den Winkel XQE, nämlich die Deklination. Addiere die Winkel ZQX und XQE, und der Winkel ZQE, der daraus resultiert, ist die Breite (Lat) von Z. Mit anderen Worten: Breite = Zenitabstand + Deklination.

2. Abb. 16 zeigt eine Mittagshöhe bei südlicher Deklination, und es ist klar zu erkennen, daß hier der Winkel ZQX den Winkel EQX einschließt. Daher ist die Breite von Z = ZQX — EQX. Mit anderen Worten: Breite = Zenitabstand — Deklination.

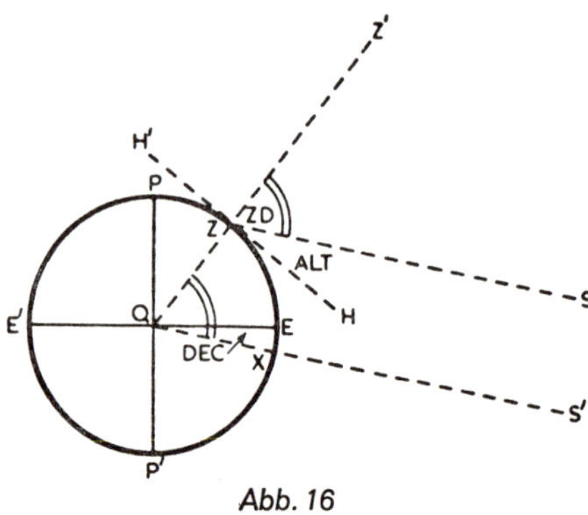

Abb. 16

Wenn die Deklination und die Breite beide N oder beide S sind, werden sie als gleichnamig („same name“ in den Tafeln) bezeichnet. Wenn einer der beiden Begriffe nördlich und der andere südlich ist, nennt man dies ungleichnamig („contrary name" in den Tafeln). Wir können daher sagen: In den Fällen 1 und 2, in denen der Beobachterstandort zwischen dem beobachteten Himmelskörper und dem oberen Pol liegt, gilt:

$$\text{Lat} = \text{ZD} \begin{array}{l} + \text{(gleichnamige)} \\ - \text{(ungleichnamige)} \end{array} \text{Dec}$$

3. Im dritten Fall liegt der GP des beobachteten Gestirns zwischen dem Beobachter und dem oberen Pol. Dann gilt: Breite = Deklination — Zenitabstand. Höhenmessungen am Polarstern bilden hierzu einen besonderen Fall. Würde der Polaris sich genau über dem Nordpol befinden (dies ist nicht der Fall und Korrekturen sind notwendig), dann wäre sein GP immer der Nordpol. In Abb. 17 bezeichnet aber P sowohl den GP des Polarsterns als auch den Nordpol, weil beide nahezu zusammenfallen und B beziehungsweise B′ weisen die Richtung zu Polaris. Nun sind die Winkel BZZ′ und PQZ gleich und bilden jeweils einen Teil der rechten Winkel HZZ′ und PQE, so daß auch die Winkel HZB und ZQE gleich groß sind. Der Winkel HZB ist die Höhe des Polarsterns, während der Winkel ZQE die Breite des Beobachterstandorts ist. Demnach ist die Höhe des Polarsterns gleich der Breite des Beobachters. Da die Deklination des Polarsterns 90° ist, gilt:

$$\text{Lat} = \text{Dec} - \text{ZD}$$

4. Es gibt einen weiteren Fall (Abb. 18), der in hohen nördlichen und südlichen Breiten vorkommt, nämlich daß der Beobachter und der GP (Bildpunkt) des beobachteten Gestirns auf entgegengesetzten Seiten des oberen Pols liegen. Dann gilt:

$$\text{Lat} = 180^\circ - (\text{Dec} + \text{ZD})$$

Das nautisch-sphärische Dreieck

Wir haben in jeder der letzten vier Abbildungen gesehen, daß die Zenitdistanz gleich ist dem Winkel, der vom Beobachter und dem GP mit dem Erdmittelpunkt als Scheitel gebildet wird. Dies gilt nicht nur für Mittagshöhen oder Polarstern-Beobachtungen, wenn GP auf deinem Meridian liegt, sondern auch für alle anderen Höhenmessungen, in welcher Peilung immer das Gestirn stehen mag. Die Zenitdistanz ist **immer** gleich dem Winkel am Erdmittelpunkt zwischen GP und Beobachter. Wenn wir uns noch einmal die Abbildungen 15 bis 18 ansehen, ist der Winkel ZQX (ZQP in Abb. 17) immer gleich der Zenitdistanz, auch wenn der Bogen ZX nicht Teil eines Meridians, sondern Teil eines anderen Großkreises ist. Dieser

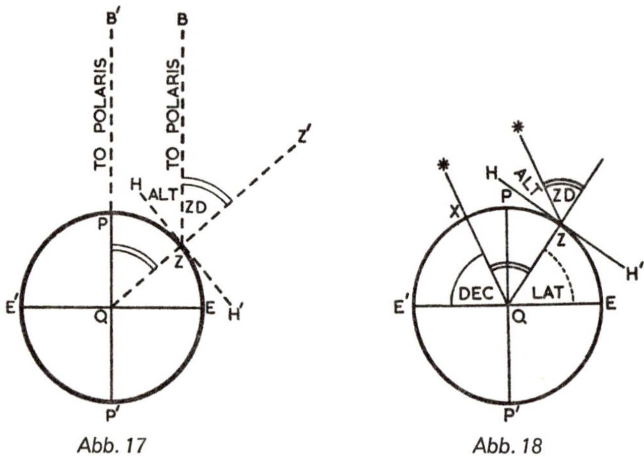

Abb. 17 *Abb. 18*

Winkel kann selbstvertändiich in Seemeilen auf der Erdoberfläche übersetzt werden: Eine Höhe von 47° ergibt eine Zenitdistanz von 43°, und da 1′ (Winkelminute als Bogenminute auf der Erdoberfläche) = 1 sm, bedeutet dies, daß GP vom Beobachter 43 x 60 = 2580 sm entfernt ist.

Wir wissen nun, daß wir bei einer Höhenmessung (Ho) und zugehöriger Zenitdistanz (90 — Ho) auch unsere Entfernung vom GP des betreffenden Himmelskörpers finden können. Weil aber die Entfernungen so groß sind, können wir das Azimut von GP nicht mit dem Kompaß peilen und den Standkreis zeichnen. Ebensowenig können wir die Standlinie auf unsere Karte eintragen, außer das Gestirn stehe über unserem Meridian, und die Entfernung sei bequem am Breitenparallele abzulesen.

Wir müssen das Problem daher von einer anderen Seite angehen. Wir unterstellen, daß wir *wohl* wissen wo wir sind, aber daß wir nicht die Höhe unseres Gestirns kennen. Wir nehmen an, daß wir Breite und Länge

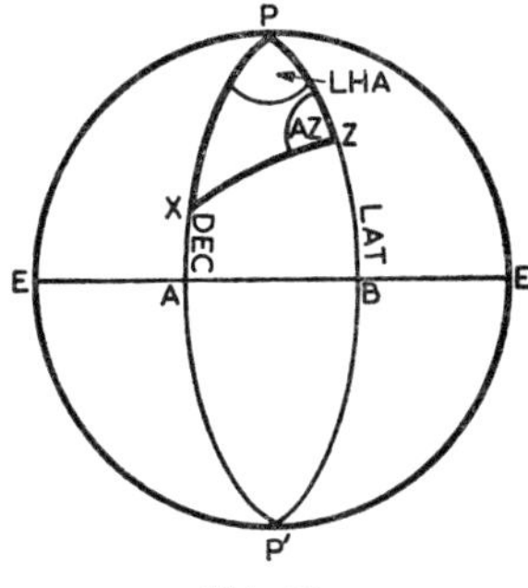

Abb. 19

unseres Standorts kennen. Wir arbeiten mit einem „angenommenen Standort". In Abb. 19 blicken wir auf die Erdoberfläche. PAP' und PBP' sind die Meridiane von X und Z, die den Äquator in A und B schneiden. Was kennen wir von diesem Dreieck PZX? Wir kennen die Länge der Seite PZ; BZ ist die Breite (Lat) des Beobachters, daher ist

$$PZ = 90° — \text{Lat des Beobachters.}$$

Wir kennen die Länge der Seite PX; AX ist die Deklination, daher ist

$$PX = 90° — \text{Dec des beobachteten Gestirns.}$$

Wir kennen auch den eingeschlossenen Winkel ZPX, weil es der Ortsstundenwinkel LHA ist (der Winkel zwischen dem Meridian des Beobachters und dem Meridian des GP, gemessen in westlicher Richtung).
Wenn wir nun zwei Seiten eines Dreiecks und den von ihnen eingeschlossenen Winkel kennen, kann das Dreieck konstruiert werden, und mit Hilfe der sphärischen Trigonometrie (oder von Tafeln) können wir die Länge der Seite XZ und die anderen beiden Winkel finden. Die Länge der Seite XZ ist gleich der Zenitdistanz, ergo ist 90° — XZ = Höhe. Da diese Zahl den Tafeln entnommen wird, nennt man sie „tabellierte Höhe" (auch „calculierte" Höhe, Hc). Die Hc ist jene, die wir mit dem Sextant beobachtet hätten, wenn wir von unserem angenommenen Standort zur selben Zeit eine Höhenmessung vorgenommen hätten.
Nimm an, wir schießen die Sonne mit dem Sextanten und erhalten eine

beobachtete Höhe Ho = 41°38′. Wir wissen, daß wir irgendwo im Südwesten der Isle of Wight stehen und wählen als angenommene Position 50°00′N, 01°54′W. (Warum gerade diese und keine andere, wird später noch klar werden). Nach den notwendigen Rechnungen erhalten wir aus den Tafeln ein Hc von 41°43′, was besagt: Wären wir zu jener Zeit tatsächlich auf der angenommenen Position gewesen, wäre die beobachtete Höhe auch 41°43′ gewesen. Das war aber nicht so und wir sind anderswo. Der Unterschied zwischen der tabellierten Höhe und der beobachteten Höhe beträgt 5′, und 5′ = 5 sm. Unsere Standlinie muß 5 sm vom angenommenen Standort entfernt verlaufen. Das nennt man eine *Höhendifferenz* von fünf Seemeilen.

Wenn du noch einmal die Abb. 19 ansiehst, wirst du sehen, daß der Winkel PZX das Azimut (Az) ist, und es ist genügend von diesem Dreieck be-

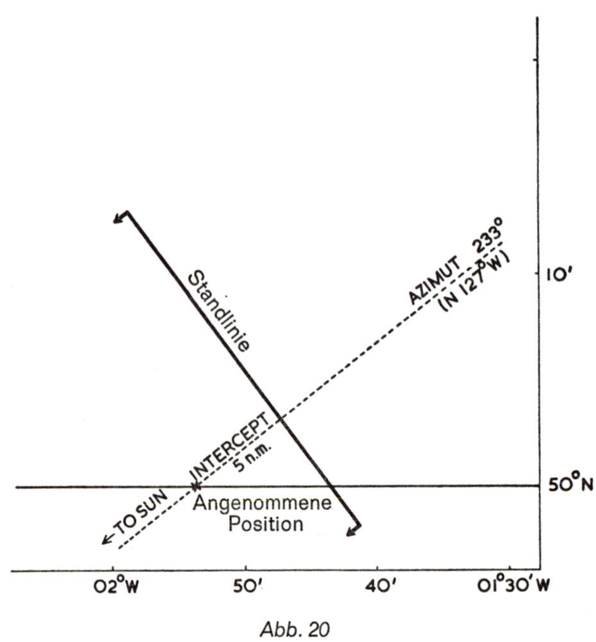

Abb. 20

kannt, um diesen Winkel zu errechnen. Zur gerade gemachten Höhenbeobachtung gibt die Inspektionstafel einen Azimutwinkel von 127°, und weil es Nachmittag ist, wissen wir, daß es N 127° W sein muß (Azimut 233°). In die Karte (Abb. 20) zeichnen wir das Azimut durch unseren angenommenen Standort ein. Wie schon erklärt wurde, liegt die Standlinie im rechten Winkel zum Azimut; die Höhendifferenz betrug 5 sm, also wird unsere Standlinie 5 sm „weiter entfernt" oder „näher" zum GP der Sonne liegen als unser angenommener Standort. „Entfernter" vom GP Sonne wird die Standlinie liegen, wenn unsere beobachtete Höhe (Ho) kleiner als unsere tabellierte Höhe (Hc) war. In diesem Fall war die „calculierte" Höhe Hc 41°43′, die „observierte" Höhe Ho = 41°38′; also wird die Standlinie „weiter entfernt" von der Sonne liegen. Es fällt auf, daß die Standlinien mit kleinen Pfeilen in die Richtung des beobachteten Gestirns gezeichnet sind; der Grund dafür wird auf Seite 67 erklärt. Abb. 21 veranschaulicht schematisch die Höhendifferenzregel.

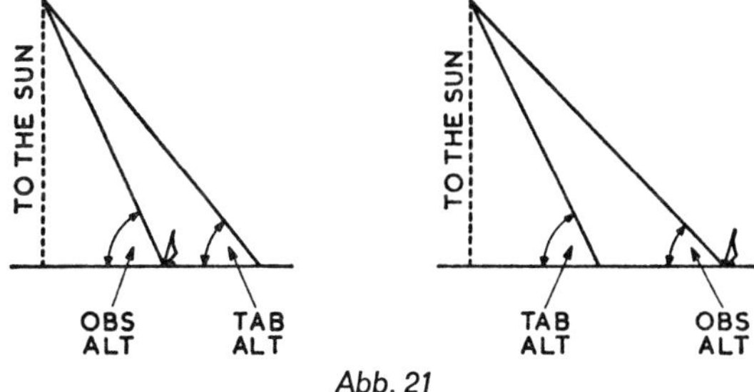

Abb. 21

„Obs. Alt." = Ho Beobachtete Höhe größer: zum GP hin
„Tab. Alt." = Hc Beobachtete Höhe kleiner: vom GP weg

Abb. 22 zeigt ein anderes Beispiel des Dreiecks, das immer wieder vorkommt und gelöst werden muß. In dieser Abbildung ist X der GP der Sonne. Nach einem Blick auf dieses Dreieck können wir schon feststellen: Es ist Vormittag am Standort von Z, weil die Sonne östlich steht, und es ist Winter, weil ihre Deklination südlich ist. Also: PZ = 90° — Breite des Beobachters. PX ist 90° + Deklination, und Winkel ZPX am Pol ist der LHA, vom Meridian Z in westlicher Richtung gemessen; sagen wir 323°.

Der eingeschlossene Winkel ZPX ist 360° — 323° = 37°, aber das braucht uns nicht zu kümmern. Wichtig ist, daß wir die Größe des eingeschlossenen Winkels kennen. ZX und der Winkel PZX können jetzt errechnet

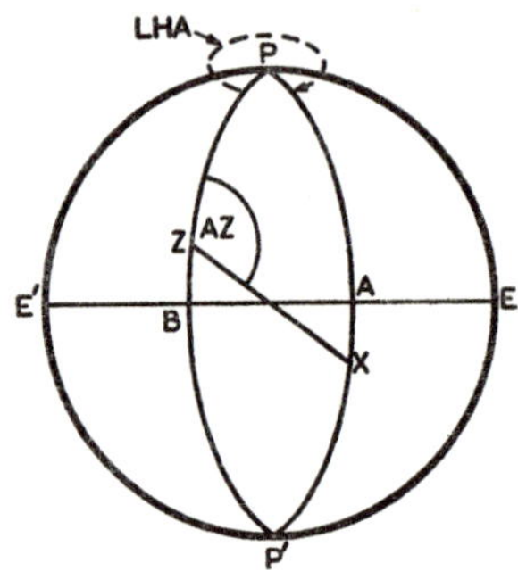

Abb. 22

werden und die tabellierte Höhe (Ho = 90° — ZX) sowie der Azimutwinkel werden den Tafeln entnommen.
Das Prinzip jeder Höhenmessung ist folgendes: Mit den bekannten Gegebenheiten eines Gestirns und mit einem angenommenen Standort können wir eine Höhe errechnen, und da die tabellierte Höhe meist eine andere als die wahre, beobachtete Höhe sein wird, führt unsere richtige Standlinie irgendwie parallel an unserer angenommenen Standlinie vorbei.

Sextanthöhe* und beobachtete Höhe

Wenn du eine Höhenmessung vornimmst, wird der am Sextant abgelesene, mit Indexkorrektur (Ic) und Kimmtiefe (Dip) berichtigte Winkel „Sextanthöhe" (Hs) genannt; diese muß durch weitere Korrekturen berichtigt werden, um die „beobachtete, wahre Höhe" (Ho) zu erhalten. Nur die beobachtete Höhe wird mit der tabellierten (berechneten) Höhe

*) Deutsche Bezeichnung meist: „Kimmabstand".

(Hc) verglichen. (Die Abkürzungen stehen für *height sextant, height observed und height calculated* und werden in den Tafeln verwendet.) Im Nachstehenden werden die Korrekturen kurz erläutert.

1. Augeshöhe (Dip). Die in den Tafeln angegebene berechnete Höhe bezieht sich auf „Auge an Wasseroberfläche". Wenn du eine Messung von einem Schiff vornimmst, kann deine Augeshöhe aber zwei bis zwanzig Meter über dem Seeniveau sein, je nachdem, ob du dich auf einer Yacht oder auf einem großen Schiff befindest. Dies macht eine Korrektur der Sextantablesung auf Wasserlinie nötig; in kleinen Booten beträgt sie meist etwa —3′. Diese Korrektur ist bei allen Höhenmessungen zu berücksichtigen.

2. Refraktion (Strahlenbrechung). Die Lichtstrahlen eines Gestirns werden durch die Erdatmosphäre steiler zum Boden hin umgelenkt — gebrochen. Je niedriger die Höhe eines Gestirns ist, desto größer ist diese Ablenkung, die Refraktion genannt wird; tatsächlich sind Höhenmessungen unter 6° nicht ratsam und solche unter 10° sollten nur mit Vorbehalt ausgewertet werden. Alle Höhenmessungen müssen für die Refraktion berichtigt werden.

3. Semi-Diameter oder Halbmesser (Abb. 23). Diese Korrektur ist nur bei Sonnen- und Mondhöhen nötig. Bei einer Höhenmessung sollte der Horizont das Gestirn praktisch „halbieren". Das ist aber in der Praxis ungenau. Bei einer Sonnenbeobachtung ist es üblich, den unteren Rand der Sonne auf den Horizont zu setzen. Falls der untere Rand der Sonne durch Wol-

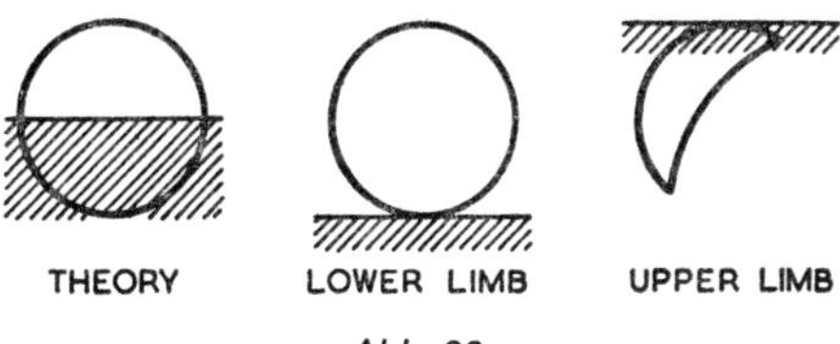

Abb. 23

ken verdeckt ist, kann auch der obere Rand herhalten. Beim Mond wird der untere oder obere Rand benutzt, je nachdem was die Mondphase gerade zuläßt. In jedem Fall muß aber der halbe Durchmesser der Sonne oder des Mondes berücksichtigt werden. Der Halbmesser (SD) ist im Nautical Almanac für Sonne und Mond jeweils für drei Tage angegeben. Die Berichtigung (gewöhnlich um 16′) ist bei Benützung des unteren Randes zu *addieren,* bei Benützung des oberen Randes zu *subtrahieren.* Sie bleibt unberücksichtigt bei Benützung eines (auf Yachten unbrauchbaren; d. Übers.) Sextanten mit Libelle oder künstlichem Horizont.

4. Parallaxe. Es wurde früher erwähnt, daß die Strahlen der Himmelskörper parallel auf die Erde auftreffen. Das ist nicht immer richtig, sondern nur als von der Sonne, den Fixsternen und den Planeten die Rede ist. Der Mond ist der Erde zwar soviel näher, daß eine wesentliche Korrektur in der Regel nötig ist; sie heißt Horizontal-Parallaxe (HP), englisch: *horizontal parallax.* In privatwirtschaftlichen Almanachen findet man auch „P in A“, d.h. *parallax in altitude.* Im Nautical Almanac und Nautischem Jahrbuch sind die Werte als „HP“ bei Mond und Planeten vermerkt. (Zu vermerken bleibt dem Übersetzer, daß Horizontalparallaxe im nautischem Offizial-Teutsch aus Hamburg „Horizontalverschub“ geschimpft wird.)

Zweiter Teil: Praxis

Zur Auswertung von Höhenmessungen werden zwei Bücher benötigt: ein Jahrbuch (Almanach) und ein Buch mit Tafeln. Jedes beliebige nautische Jahrbuch kann mit jeder Art von Tafeln verwendet werden*) und umgekehrt; auch dann, wenn empfohlen wird, bestimmte Tafeln mit bestimmten Jahrbüchern gemeinsam zu verwenden.

1. Nautische Almanache

Das sind Veröffentlichungen für einen bestimmten Zeitraum, die auch Ephemeriden genannt werden, und die für jedes Jahr neu erscheinen. Ihnen sind die GPs (GHA und Deklination) der Gestirne für das ganze Jahr zu entnehmen. Ferner enthalten sie mehr oder minder zusätzliche Informationen wie etwa die Zeit von Sonnenauf- und untergang, Eclipsen, die Mondphasen usw. Du brauchst nur ein Jahrbuch, aber es gibt deren einige zur Auswahl.

Der *Nautical Almanac,* der für die Beispiele in diesem Buch verwendet wird, erscheint in einem Band für das ganze Jahr; er ist für die Seefahrt gemacht, und in ihm sind alle benötigten Angaben einfach und übersichtlich zusammengestellt.

Der *Air Almanac* ist, wie schon sein Titel sagt, für den Gebrauch in der Luftfahrt bestimmt. Er erscheint für jedes Jahr in drei Bänden mit je einem Blatt für jeden Tag zum Heraustrennen nach Ablauf des betreffenden Tages. Er ist sehr einfach im Gebrauch, und wo du ihn an Bord vorfindest, wirst du keine Schwierigkeiten haben, dich vom Nautical Almanac auf ihn umzustellen.

---

*) Mary Blewitt übersah — entschuldbar — einen sperrenden Mangel des Nautischen Jahrbuchs des Deutschen Hydrographischen Instituts: ihm fehlen die sonst üblichen Höhenkorrekturtafeln. (Anm. d. Übers.)

„Reed's Almanac" enthält die gleichen Angaben, aber in einer sehr gedrängten Form, die häufiges Interpolieren erfordert; du kannst dich damit amüsieren, ihn zu Übungszwecken probieren (falls einmal dein Nautical Almanac über Bord gehen sollte), aber für schnelles und leichtes Arbeiten sind die anderen beiden Ephemeriden besser geeignet; selbst noch das Nautische Jahrbuch des DHI.

2. Tafeln

Die Tafeln sind Veröffentlichungen, die für immer gelten, einzig ausgenommen der erste Band von A. P. 3270 oder H. O. 249: „Selected Stars". Die einfachsten und besten Tafeln sind jene, zu deren Gebrauch du keine anderen Angaben benötigst als den LHA, die Deklination und die angenommene Breite, um die tabellierte Höhe und das Azimut zu finden; d. h. um die unzähligen Möglichkeiten des nautisch-astronomischen Grunddreiecks berechnen zu können. (Nur des Interesses halber sei hier erwähnt, daß H. D. 486 nicht weniger als 720 Lösungen auf einer Seite bringt und seine 6 Bände je 360 Seiten enthalten; insgesamt ergibt das etwa 1¼ Millionen Möglichkeiten.)
Es gibt viele Bücher mit Tafeln, aber der Yachtnavigator hat zwischen zwei Publikationen zu wählen — und einer dritten, die aber erst in Kürze veröffentlicht wird:
a) *Sight Reduction Tables for Air Navigation* (A.P. 3270 bzw. H.O. 249) sind die Tafeln, die für die Beispiele in diesem Buch verwendet werden. Sie sind in drei Bänden vom Format 21x 26 cm enthalten. Der erste Band wird im Jahr 1975 überholt sein und muß dann für die folgende Zeit von fünf Jahren neu gekauft werden.
Vol. I — Selected Stars (Epoch 1970.0)
(Ausgewählte Sterne, Ausgabe 1970)
Vol. II — Latitudes 0°—39°, Declinations 0°—29°
(Breiten 0 . . . 39 grd, Deklinationen 0 . . . 29 grd)
Vol. III — Latitudes 40°—89°, Declinations 0°—29°
(Breiten 40 . . . 89 grd, Deklinationen 0 . . . 29 grd)
b) *Tables of computed Altitude an Azimuth* (H.D. 486 bzw. H.O. 214) sind Tafeln für den Gebrauch in der Seefahrt, deren Restauflage ausverkauft wird, bis in etwa zwei Jahren H. O. 229 erhältlich sein wird. Das bis-

herige Tafelwerk ist jedoch zeitlos verwendbar. Es gibt sechs Bände, jeder für einen Bereich von 15 Breitengraden und Deklinationen von 0 . . . 75 grd; ihr Format ist 24 x 30 cm. Eine kurze Anleitung zu ihrem Gebrauch wird auf Seite 75 gegeben.
c) *Sight Reduction Tables for Marine Navigation* (H. O. 229) sind neue Tafeln für den Gebrauch der Seefahrt. Ich hatte gehofft, daß sie vor dieser Neuauflage meines Buches erscheinen würden, doch ihre Veröffentlichung hat sich verzögert. Es handelt sich um sechs Bände, deren jeder 16 Breitengrade und Deklinationen von 0 . . . 90 grd umfaßt. Das Format wird etwa gleich dem der Tafeln A. P. 3270 sein. Die neuen Tafeln sind genauer, aber ein solcher Grad von Genauigkeit ist in der Yachtnavigation nicht von sonderlichem Vorteil. Eine Anleitung zum Gebrauch von H. O. 229 folgt auf Seite 76.

Sonnenhöhen

Stelle dir vor, du segelst in der Nordsee und deine Position nach Koppelrechnung ist 51°56′N, 01°51′E. Es ist der 7. Dezember 1971 und du möchtest eine Sonnenhöhe nehmen.
Um deine Höhenmessung auszuwerten brauchst du zwei Dinge: die Sextanthöhe der Sonne und die genaue Zeit, zu der du diese Höhe gemessen hast. Bisher sind wir an die verschiedenen Beispiele in der Weise herangegangen, als ob es uns möglich wäre, die Veränderungen am Himmel anzuhalten und die verschiedenen Situationen in aller Muße zu untersuchen. Aber anders als Josua können wir Sonne und Mond in ihrem Lauf nicht aufhalten; alles ist in ständiger Bewegung, so daß jede Feststellung nur für einen unendlich kleinen Zeitraum Gültigkeit hat. Wir können nichts anderes tun, als diesen Zeitpunkt so gut wie möglich festzustellen. Durch Zeitfehler hervorgerufene Abweichungen in den Ergebnissen sind sehr verschieden. Aus den Tabellen zur Umwandlung von Bogen in Zeit entnehmen wir 1′ = 4 s, so daß schlimmstenfalls ein Fehler von 4 s eine Differenz von 1 sm bedeuten könnte. Das bedeutet aber auch, daß eine um 1 min falsche Ablesung von einer Uhr einen Fehler von 15 sm verursachen könnte. In Wirklichkeit ist es so schlimm meist nicht, aber wenn du dich beim LHA um 1° (= 4 min) irrst, so ist die Folge, daß du deinen Standort ohne weiteres 45 sm neben die Wahrheit setzt — also

Wahrschau! Versuche anfangs auf keinen Fall, die Zeit gleichzeitig mit deiner Sextantmessung selbst zu bestimmen; laß einen anderen den Zeitnehmer spielen — vergewissere dich auch, daß er die Uhr auch richtig lesen kann. Es ist erstaunlich, wie viele Leute es gibt, die nicht die richtige Zeit aufschreiben, wenn du dein „Null" rufst.
Nimm deinen Sextant und mach es dir bequem, so daß du einen festen Halt von der Hüfte abwärts hast, aber frei beweglich von der Hüfte aufwärts bist. Vergewissere dich, daß du freien Ausblick auf die Sonne und den Horizont darunter hast. Im allgemeinen gilt, daß es günstiger ist, einen möglichst hohen Platz an Deck zu wählen, weil man so besser vor falschen Horizonten durch Wellenkämme geschützt ist. Aber es steht nicht dafür, auf einen festen Halt zu verzichten, nur um Augenhöhe zu gewinnen. Klar ist auch, daß du dir einen Platz aussuchen solltest, wo du vor Spritzern geschützt bist. Wähle jene Blendgläser, die es dir ermöglichen, die Umrisse der Sonne klar zu sehen, ohne daß du geblendet wirst, und verwende ein helles Glas für den Horizont, wenn das überhaupt notwendig sein sollte (meist ist es nicht).
Besonders wichtig ist ein scharfer, klarer Horizont (Kimm). In Flauten ist die Grenze zwischen Himmel und Wasser manchmal schwer zu erkennen; in anderen Fällen verdeckt Dunst den wirklichen Horizont und täuscht eine falsche Kimm vor, die näher zu dir liegt. Sehr selten zwar ist gelegentlich eine anomale Kimmtiefe (dip) zu beobachten; manchmal erkennt man dies daran, daß der Horizont zu kochen scheint, wenn man ihn durch den Sextant sieht, oder die Rauchzüge weit entfernter Schiffe hoch in den Himmel zu ragen scheinen. Wenn dir irgend etwas am Horizont verdächtig, wenn er in irgendeiner Weise ungewöhnlich oder unscharf erscheint, solltest du die Höhenmessung lieber unterlassen; allenfalls ihr Ergebnis mit größtem Vorbehalt verwerten.
Wenn du die Sonne ungefähr auf den Horizont heruntergeholt hast, kränge den Sextant leicht um die Achse des Fernrohrs hin und her und du wirst sehen, daß die Sonne schwingt, als ob sie an einem Pendel hänge. Der niedrigste Punkt dieses Pendelbogens ist entscheidend für deine Höhenmessung; wenn du sicher bist, daß die Sonne in ihm gerade den Horizont berührt, rufe dem Zeitnehmer „Null" zu und dann laß ihn Grade und Minuten aufschreiben, die du von deinem Sextanten abliest. Mach eine Serie von fünf Höhenmessungen in Abständen von ungefähr 40 Sekunden; sie

werden etwa ein Ergebnis bringen, wie es das Beispiel für den 7. Dezember zeigt. Wie genau du deine Höhenmessung ablesen kannst, hängt zum Teil von deinem Sextant ab; manche sind mit einer Genauigkeit von 0.1′, andere mit einer Genauigkeit von 0.5′ hergestellt. In diesem Buch habe ich eine Genauigkeit von 0.5′ vorausgesetzt, die auf jeden Fall für den Anfang genügt.

Sonne, Dienstag 7. Dezember 1971

Borduhr				Sextant		
h	m	s		°	′	
11	54	31		14	37.5	
11	55	56		14	38.0	
11	56	37		14	41.5	
11	57	34		14	39.0	
11	58	12		14	44.0	
	280	170	:5		200.0	:5
11	56	34		14	40.0	

Du wirst bemerkt haben, daß in dieser Serie von Höhenmessungen die Sonne noch steigt. Es ist auch tatsächlich noch eine Stunde Zeit bis Mittag*), aber die Sonne steigt sehr langsam, so langsam, daß schon ein kleiner Fehler bei der Beobachtung vortäuschen könnte, daß die Sonne schon wieder sinkt. Bei anderen Beobachtungen mag die Änderung des Kimmabstandes deutlicher sein. Der Zweck des Mittelns von fünf Höhenmessungen ist das Ausgleichen kleiner Beobachtungsfehler. Wenn du nur Gelegenheit zu drei Messungen hast, nimm den Durchschnitt von diesen, aber verlasse dich nicht auf die Standlinie aus nur einer einzigen Beobachtung.
Mit einer Borduhr-Zeit von 11 h 56 min 34 s und mit einer Sextantablesung von 14°40′ kannst du also jetzt darangehen, deine Beobachtung auszuwerten. (Siehe Anhang B.)

---

*) Die Verfasserin legt die zur Zeit auch in Großbritannien geltende Mitteleuropäische Zeit (MEZ) zugrunde, die der MGZ um 1 h voraus ist. MEZ = MGZ + 1 h (Anm. d. Übers.).

1. Verwandlung der Borduhr-Zeit in GMT (MGZ)

	h	m	s
Borduhr	11	56	34
Stand-Ber* (—)			5
Zeitzone (—)	1	00	00
GMT (MGZ)	10	56	29

Hier ist angenommen, daß die Borduhr MEZ (= GMT + 1 h) anzeigt. In anderen Teilen der Welt wird dies natürlich anders sein.

2. Berechnung des LHA aus der GMT

Jede Doppelseite im Hauptteil des Nautical Almanac gilt für drei Tage und enthält den GHA und die Deklination für den Frühlingspunkt (Aries), die Sonne, den Mond und die Planeten, ferner die Sternwinkel SHA (sidereal hour angle) und Deklinationen bestimmter Fixsterne, außerdem die Auf- und Untergangszeiten von Sonne und Mond. Aries, Fixsterne und Planeten sind auf der linken Seite angegeben, Sonne und Mond auf der rechten Seite. Der GHA der Sonne ist für jede Stunde tabelliert und ist zum Beispiel um 10 h GMT am 7. Dezember 332°11.7′. Damit sind aber noch 56 m 29 s unberücksichtigt. Der Wert, der noch zum GHA für diese Zeit-Minuten und -Sekunden addiert werden muß, wird „Increment" (Zuwachs) genannt.

Am Ende des Almanac gibt es eine Anzahl gelber Seiten, die mit „Increments and Corrections" überschrieben sind. Anhang C ist eine Wiedergabe der Seite für 56 und 57 Minuten. Drei Spalten („Sun/Planets" = Sonne/Planeten, „Aries" = Frühlingspunkt und „Moon" = Mond) enthalten die pro Zeile nicht sehr verschiedenen Zahlen, die den stündlichen Zahlen des GHA hinzuzuzählen sind. In der Spalte „Sun" des Feldes 56 m finden wir neben 29 s: 14°07.3′, die der „Increment" (Zuwachs) sind, der zum GHA der Sonne für 10 h addiert werden muß, um den GHA der Sonne für 10 h 56 min 29 s zu erhalten. Die Rechnung sieht so aus:

GHA Sonne (10 h)	332°11.7′
Increment (56 m 29 s)	14°07.3′
	346°19.0′

*) Als „Stand" wird die Fehlzeit einer Uhr bezeichnet; hier zeigt sie 5 sek vor — Stand = + 5 sek. Die Standberichtigung muß mit umgekehrtem Vorzeichen angebracht werden (Anm. d. Übers.).

Nun war aber der eingeschlossene Winkel des sphärischen Dreiecks der LHA und nicht der GHA, und bei der Besprechung der Stundenwinkel haben wir gesehen, daß der LHA gleich ist dem GHA plus oder minus der Länge; erinnern wir uns:

GHA + Ost-Länge = LHA
GHA — West-Länge = LHA („West — weniger")

In diesem Fall ist deine Koppel-Länge Ost, also mußt du sie addieren, um den LHA zu erhalten. Ich persönlich merke mir die zwei Worte „West weniger" und schreibe sie mir auf jedes Papier, das ich für die Rechnung benütze. Man weiß ohnehin, daß „Ost" das andere Vorzeichen „plus" erfordert.

3. Der angenommene Standort

Hier muß der Begriff „angenommener Standort" erklärt werden. In der Vergangenheit wurde das nautische Dreieck mit der sogenannten „Semiversus-Methode"*) gelöst, und bei der Verwertung einer Höhenmessung ging man vom Koppel-Standort aus; in modernen Tafeln können aber nicht die Angaben für jede Winkelminute der Breite, des LHA und der Deklination gedruckt werden. Deshalb muß das Problem vereinfacht werden. Folgende drei Regeln sind die Grundlage für das Arbeiten mit einem angenommenen Standort:

1. Dein angenommener Standort muß so nahe wie möglich an deinem Koppel-Standort liegen.
2. Deine angenommene Breite muß eine volle Gradzahl haben.
3. Deine angenommene Länge muß zusammen mit dem GHA eine volle Gradzahl für den LHA ergeben.**)

Regel 1 und 2 sind ganz einfach und brauchen nicht näher erklärt zu werden; die Regel 3 ist ein wenig komplizierter und zwei erfundene Beispiele sollen sie verständlich machen:

---

*) Genau: Cosinus-Semiversussinus.
**) So wie der „angenommene Standort" in der deutschen Seefahrt „Bezugspunkt" genannt wird, sind die entsprechenden deutschen Fachausdrücke „Bezugsbreite" und „Bezugslänge. (Anm. d. Übers.)

a) Koppel-Länge 08° 25′ E

GHA	337° 01′
Ang. Länge E	7° 59′ (E+)
LHA	345° 00′

b) Koppel-Länge 04° 50′ W

GHA	27° 32′
Ang. Länge W	4° 32′ (W—)
LHA	23° 00′

Kehren wir zu unserer Beobachtung zurück, nämlich zur Koppel-Länge 01°51′ E. Mit einem ihr nahen Wert müssen wir auf einen runden Gradwert für LHA kommen — so:

GHA	346° 19.3′
ang. Länge E	01° 40.7′+
LHA	348° 00.0′

4. Deklination

Aus der Spalte „Dec" für Sonne (Sun) des Almanac (Anhang B) entnehme die Deklination für 10 h (22°33.6′ S) und notiere den d-Wert am Fuß der Spalte (0.3′); er ist die mittlere Änderung der Deklination je Stunde während der drei Tage auf der Seite. In den gelben Schalttafelseiten *(Increments and Corrections)* sucht man für die fraglichen Minuten*) über die Stunde hinaus in den Spalten „v or d Corrn" den d-Wert auf und entnimmt den danebenstehenden Korrekturwert (Corrn). Im Anhang C sehen wir, daß für d 0.3 hier Corrn auch 0.3′ ist. Das Vorzeichen der Korrektur (+ oder —) richtet sich danach, ob in der Dec-Spalte auf der Tagesseite die Deklination zunimmt (Vorzeichen +) oder abnimmt (Vorzeichen —). Vom 21. März bis 22. Juni wird die Korrektur beispielsweise addiert, weil die Deklination ständig von 0° bis auf 23° N wächst; und

*) Die Sekunden der Beobachtungszeit werden hierbei nicht berücksichtigt.

nochmal vom 21. September bis 22. Dezember (0° bis 23° S). In der übrigen Zeit wird die Sonnendeklination stetig kleiner.

Merke: Wird die d-Korrektur nicht berücksichtigt, so kann daraus kein größerer Fehler als 1 sm entstehen.

5. *Angenommene Breite*

Wie gesagt, muß die angenommene Breite einen der Koppelbreite angenäherten, aber vollgradigen Wert haben. Für unsere Koppelbreite von 51°56′ N nehmen wir an (aLat) 52° N.

6. *Umwandlung von Sextantenwinkel in beobachtete Höhe*

Wie wir auf Seite 36 gesehen haben, muß die Sextantablesung korrigiert werden. Die erste Korrektur ist die Indexberichtigung (Ib), die einen Fehler des Sextanten berichtigt (s. Seite 73). In diesem Beispiel wird ein Indexfehler von + 1.5′ angenommen. Die anderen Korrekturen finden sich im Nautical Almanac in den *Altitude Correction Tables* (Höhenberichtigungstafeln), und zwar auf den ersten beiden Seiten für die Sonne, die Fixsterne und die Planeten sowie am Ende des Buches für den Mond (Anhang D und E). Unter „Dip" (Kimmtiefe) finden wir für eine Augeshöhe 2.8 . . . 3.0 m (Ht. of Eye) die Korrektur — 3.0′, während wir in der Spalte „Sonne" für „Oct.-Mar., Lower Limb"*) App. Alt. 14°40′ (zwischen 14°18′ und 14°42′) einen Wert von 12.6′ finden. Diese letzte Korrektur berücksichtigt sowohl die Refraktion wie den Halbmesser, so daß wir folgende Rechnung aufmachen können:

Sextantabl.	14° 40.0′
Ib	1.5′—
Dip	3.0′—
Alt. Corr.	12.6′+
Beob. Höhe	14° 48.1′

*) Lower Limb = Unterrand von Sonne oder Mond; Upper Limb = Oberrand; App.Alt. (apparent altitude) = für Dip und Indexfehler berichtigte Sextantablesung, von uns „Sextanthöhe" (Hs) genannt.

Das ist der Wert, der mit der tabellierten Höhe verglichen wird. Du kannst jetzt den Nautical Almanac beiseite legen und deine Tafeln zur Hand nehmen.
Merke: In die „Altitude Correction Tables" des Nautical Almanac sollte man theoretisch mit der Sextanthöhe, korrigiert mit der Indexberichtigung und Kimmtiefe eingehen, aber das ist unnötig genau, mit vielleicht der einzigen Ausnahme des Mondes und bei Schüssen von Kommandobrücken riesiger Dampfer.

7. *Tabellierte Höhe und Azimut*

Wir haben jetzt die drei Eingangswerte erhalten, die notwendig sind, um mit A.P. 3270 weiterzumachen: *LHA, Deklination und angenommene Breite.* In unserem Beispiel (Anhang F):

LHA = 348° Dec = 22°33.9′ S aLat = 52° N.

In den Tafeln A. P. 3270, Band 3, schlägst du Latitude 52° (Breite 52°) auf, wo du vier Überschriften findest:

Declination 0° — 14°	*same* name as latitude (gleichnamig)
— „ —	*contrary* name to latitude (ungleichnamig)
Declination 15° — 29°	*same* name as latitude (gleichnamig)
— „ —	*contrary* name to latitude (ungleichnamig)

Die Bezeichnung „Name" bezieht sich auf „Nord" und „Süd", und in unserem Beispiel müssen wir unter „contrary name" (ungleichnamig) suchen, denn die Deklination ist Süd und die Breite ist Nord.

Jeder Grad der Deklination hat drei Spalten: die tabellierte Höhe Hc, die Differenz d und den Azimutwinkel Z (d ist die Differenz zwischen der tabellierten Höhe eines Grades der Deklination zum nächsthöheren Grad und bestimmt die Anzahl von Winkelminuten der Deklination, die zur Hc addiert oder von Hc subtrahiert werden muß).

In die Tafeln ist immer mit der vollen Gradzahl der numerisch kleineren bis gleichen Deklination einzugehen. (Also Dec nicht aufrunden!) Der Rest Deklination, der über die volle Gradzahl hinausgeht, d. s. die Minuten der Deklination selbst, werden als „Zuwachs" (Increment) bezeichnet. Bei einer Deklination von z. B. 12°50′ geht man in die Tafeln mit 12° und der Zuwachs (Declination Increment) beträgt 50′.

SUN lower limb

DATE 7 December 1971	DR 51° 56′ N 01° 51′ E
DECK WATCH 11^h 56^m 34^s	GHA 332° 11′·7
D-W CORR − 5	INCREMENT 14 07·3
STANDARD TIME −1	GHA SUN 346 19·0
GMT 10 56 29	ASS. LONG E 1 41·0 (E+)
	LHA SUN 348 00·0
Dec 22° 33′·6 d±(1) 0′·3	
d +0·3	
DEC 22 33·9 N̶ S.	ASS. LAT 52° N

SEXTANT 14° 40′·0	Hc 15° 16′ d −60	z N 169° E
I E − 1·5	d − 34	
DIP − 3·0	TAB. ALT. 14 42	
ALT. CORR. + 12·6	TRUE ALT. 14 48	
TRUE ALT. 14 48·1	INTERCEPT 6 TOWARDS / A̶W̶A̶Y̶	Zn 169°

Abb. 24

Das Vorzeichen für d ergibt sich aus der Dec-Spalte im Almanach. Wenn die Deklination wächst +, wenn sie sich verringert —.

„Deck Watch" = Borduhr	*„Assumed Longitude" = a Lon*
„D—W Correction" = Stand-Korr.	*„Assumed Latitude" = a Lat*
„Standard Time" = Zeitzone	*„True Altitude" = Ho*
„Increment" = Zuwachs	*„Intercept" = Höhen-Diff.*
„GHA — Sun" = GHA Sonne	*„Towards u. Away" = näher / weiter*

In unserem Beispiel ist die Deklination 22°34′ (auf Bogenminuten gerundet), also werden 22° als Eingangswert verwendet und 34′ ist der Zuwachs. In der Zeile LHA 348° lesen wir: Hc 15°16′, d — 60, Z 169°. Nun ist diese berechnete Höhe (Hc) nur für eine Deklination von 22° richtig; sie muß noch mit dem Zuwachs korrigiert werden. Am Ende von A. P. 3270 (und auf einem eingelegten Blatt) findest du „Table 5 — Correction to Tabulated Altitude for Minutes of Declination" (Tafel 5 — Zuwachs zur tabellierten Höhe für Minuten der Deklination). Siehe Anhang H. In der Spalte d 60 und in der Zeile 34 findest du 34 (es wird dies nicht dieselbe Zahl sein, wenn d nicht gleich 60 ist). Diese 34′ mußt du von 15°16′ subtrahieren, weil ein Minuszeichen vor der 60 steht (entsprechend addieren, wenn du ein Pluszeichen findest). Damit erhältst du die richtige berechnete Höhe:

$$Hc = 15°16' — 34' = 14°42'$$

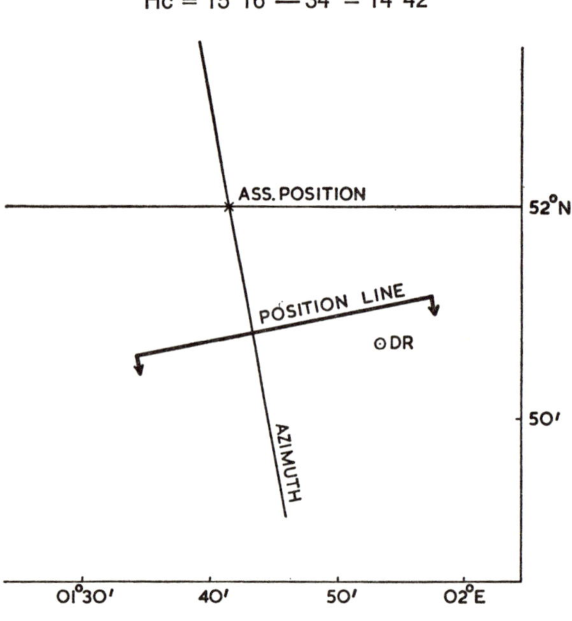

Abb. 25

SUN lower limb

DATE	15 July 1971	DR	49° 50' N 04° 20' W
DECK WATCH	08h 03m 22s	GHA	283° 33'·0
D-W CORR	-1	INCREMENT	50·3
STANDARD TIME	-1	GHA SUN	284 23·3
GMT	07 03 21	ASS. LONG (E+)	W 4 23·3
		LHA SUN	280° 00·0
Dec	21° 37'·3 d ±(1) 0·4		
d	00·0		
DEC	21 37·3 N.~~S~~.	ASS. LAT.	50° N

SEXTANT	22° 42'·5	Hc	22° 15'	d	+44	Z	N 83°E
I E	- 2·0	d	27				
DIP	- 3·0	TAB. ALT.	22 42'				
ALT. CORR.	+ 13·7	TRUE ALT.	22 51'·2				
TRUE ALT.	22 51·2	INTERCEPT	9'·2 TOWARDS ~~AWAY~~	Zn	83°		

Abb. 26

„Deck Watch" = Borduhr
„D—W Correction" = Stand-Korr.
„Standard Time" = Zeitzone
„Increment" = Zuwachs
„GHA — Sun" = GHA Sonne

„Assumed Longitude" = a Lon
„Assumed Latitude" = a Lat
„True Altitude" = Ho
„Intercept" = Höhen-Diff.
„Towards u. Away" = näher / weiter

Die letzte Zahl in den Tafeln, in der Spalte Z, ist der Azimutwinkel, und da die Sonne deinen Meridian noch nicht überquert hat, ist er N 169° E, ein Azimut von 169°.
Nun war die beobachtete Höhe auf die halbe Minute genau 14°48′ und die tabellierte Höhe beträgt 14°42′; das ergibt einen Höhenunterschied von 6 sm näher zur Sonne, denn die beobachtete Höhe ist die größere. Das wird dir klar, wenn du darüber nachdenkst: Wenn der Winkel größer ist, mußt du dich näher unter der Sonne befinden. Für die Praxis rate ich aber zu einem Zettel über'm Kartentisch mit dem Spruch „beobachtete Höhe größer — näher", so daß du diese Faustregel immer vor Augen hast.
Jetzt kannst du deine Standlinie in die Karte einzeichnen. Trage deinen angenommenen Standort ein. Zeichne von diesem aus mit dem Kursdreieck oder Winkelmesser rechtweisend das Azimut. Trage auf dem Azimut 6 sm zur Sonne hin ab und ziehe eine Linie durch diesen Punkt rechtwinklig zum Azimut — fertig! (Abb. 25.)
Für den Fall, daß dir das sehr kompliziert erscheint, zeigt die Abb. 24 den Rechenvorgang ohne Erklärung — zehn kleine Additionen und Subtraktionen. Abb. 26 zeigt eine andere Höhenmessung aus dem Juli. Die zugehörigen Seiten aus dem Nautical Almanac sind im Anhang A wiedergegeben.
Du wirst merken, daß diese zweite Höhenmessung sich nur wenig von der ersten unterscheidet: die angenommene Länge wird subtrahiert, denn LHA = GHA — Westlänge (Seite 20). Die Deklination und die Breite sind beide Nord, also müssen wir in A. P. 3270 unter „Declination **same** name as latitude" (gleichnamig) suchen; die d-Korrektur für 59′ der Deklination ist plus, aber das geht aus den Tafeln klar hervor. Die Abb. 28 zeigt das Plotting für diese Höhenmessung, zusammen mit dem Plot für eine Mondhöhe, die im folgenden Beispiel erklärt wird.

Mondhöhen

Mondhöhen sind genauso leicht zu schießen wie Sonnenhöhen und ihre Auswertung ist fast ebenso einfach. Überdies können sie recht nützlich sein. Wenn zum Beispiel der abnehmende Mond am Morgenhimmel sichtbar ist, gibt dir eine gleichzeitig vorgenommene Sonnen- und Mondhöhe (d. h. eine Sonnen- und Mondhöhe, die du innerhalb weniger Minuten nimmst) zwei Standlinien und damit unmittelbar einen wahren Schiffsort — ein „Fix".

Das Prinzip einer Mondbeobachtung ist das gleiche wie das bei einer Sonnenbeobachtung. Der Mond umkreist die Erde sehr unregelmäßig und ist ihr auch viel näher, was die Auswertung ein wenig umständlicher macht. In der Mond-Spalte des Nautical Almanac (Anhang A) geben für jede Stunde fünf Zahlenkolonnen folgende Einzelheiten an:

GHA: Dieser wird für jede Stunde angegeben, und der entsprechende Zuwachs für Minuten und Sekunden wird, wie bei der Sonne, addiert.

v: Der Zuwachs für den Mond ist für die langsamste Änderungsrate pro Stunde tabelliert, und weil der Mond sich oft viel schneller bewegt, ist in der Regel für diesen *Variationskurs* eine Korrektur nötig. Auf der entsprechenden Seite „Increments and Corrections" findest du in der Spalte „*v* or d corr" neben dem *v*-Wert in der d/v-Spalte den Korrekturbetrag, der zum GHA des Mondes addiert werden muß.

Dec: Diese ist wie bei der Sonne für jede Stunde angegeben.

d: Diese Differenz ist für den Mond stündlich angegeben, nicht wie bei der Sonne für jeweils drei Tage. Das Vorzeichen findest du wie bei der Sonne entsprechend der Deklinationsänderung.

HP: Das ist die Korrektur für die Horizontal-Parallaxe (s. Seite 38), und diese Zahl wird für den Eingang in die zweite Tabelle „Altitude Correction Tables" (Höhenkorrekturtafeln) für den Mond benötigt.

Nehmen wir ein Beispiel an: Wenn eine Mondhöhe zur GMT = x h 56 min 01 s genommen wird, und wir finden für *v* zur gegebenen Stunde des entsprechenden Tages den Wert 6.2′ und als d 12.9′, dann erhalten wir aus „Increments and Corrections" (Anhang C) einen Zuwachs von 13°22.0′, eine *v*-Korrektur 5.8′ und eine d-Korrektur 12.9′. Bei v- und d-Korrekturen werden die Sekunden der GMT auch hier nicht berücksichtigt. Die v-Korrektur wird immer addiert, und das Vorzeichen für d hängt, wie wir wissen, vom Deklinations-Trend ab. Es ist klar, daß v und d für den Mond nicht vernachlässigt werden dürfen.

Normalerweise kannst du dich durch einen Blick auf den Mond entscheiden, ob du den Ober- oder Unterrand des Mondes benützen willst; nur

bei vollem oder fast vollem Mond geht das nicht, und es gilt folgende Regel:
Der Oberrand wird gemessen
a) vor Vollmond und vor seinem Ortsmeridian-Durchgang;
b) nach Vollmond und nach seinem Ortsmeridian-Durchgang.
Der Unterrand wird gemessen
a) nach Vollmond und vor seinem Ortsmeridian-Durchgang;
b) vor Vollmond und nach seinem Ortsmeridian-Durchgang.
Datum und Zeit für Vollmond sind für das ganze Jahr auf Seite 4 des Almanac angegeben*).
Die Umwandlung der Sextanthöhe in beobachtete Höhe ist beim Mond ebenfalls ein wenig komplizierter. Berichtige den Sextantwinkel für den Indexfehler und die Kimmtiefe zur Sextanthöhe (App. Alt.) und mit dieser Zahl gehst du in die Tafeln des Nautical Almanac (Anhang E). Es ist überflüssig, die dort gegebenen Erklärungen zu diskutieren, aber du mußt deren Inhalt genau kennen und befolgen.

Übersetzung Text Anhang E unten rechts (Seite 92)

Mond-Korrekturtafel

Die Korrektur ist zweiteilig; die erste Korrektur wird dem oberen Tafelteil mit Eingangswert Sextanthöhe entnommen; die zweite dem unteren Tafelteil mit Eingangswert HP, und zwar in derselben Spalte, aus der Korrektur eins genommen wurde. Im unteren Teil sind getrennt die Korrekturen für Unterrand (L = lower) und Oberrand (U = upper) genannt. Alle Korrekturen sind zur Sextanthöhe zu **addieren,** *jedoch 30′ von jeder Oberrandhöhe abzuziehen.*
Korrekturen für Luftdruck und Temperatur stehen auf Seite A 4 (des Nautical Almanac).
Für Beobachtungen mit Libellensextant nimm das Mittel zwischen L- und U-Korrektur und subtrahiere 15′ von der Höhe.
App. Alt. = für Indexfehler und Dip (Kimmtiefe) berichtigte Sextanthöhe

---

*) Außerdem für den mittleren Tag auf allen Tageszeiten des Almanac unten rechts alle nötigen Mondvermerke. (Anm. d. Übers.)

MOON upper limb

DATE 15 July 1971 — DR 49° 50′ N 04° 20′ W

DECK WATCH 07ʰ 58ᵐ 35ˢ — GHA (7h) 3° 44′·0 — v 10′·4

D-W CORR + 11 — INCR. (58m 35s) 14 01·3

STANDARD TIME −1 — v (+) 10·1 — H.P. 59′·2

GMT 06 58 46 — GHA MOON 17 55·4

ASS. LONG W 03 55·4 (~~E+~~)

Dec 13° 09′·2 — d +/− (1) 14·5 — LHA MOON 14·00·0

d 14·1

DEC 13 23·3 N. ~~S~~ — ASS. LAT. 50° N

SEXTANT 51° 27′·5 — Hc 51° 16′ — d +58 — z 158°

I E − 2·0 — d 22

DIP − 3·1 — TAB. ALT. 51 38

APP. ALT. 51 22·4 — TRUE ALT. 51 42·4

1ST CORR. 45·9 — INTERCEPT 4·4 TOWARDS ~~AWAY~~ — Zn 202°

2ND CORR. 4·1

TRUE ALT. 52 12·4 (LOWER LIMB)

3RD CORR. −30′ (2)

TRUE ALT. 51 42·4 (UPPER LIMB)

(1) Das Vorzeichen für d ergibt sich aus der Dec-Spalte im Almanac — zunehmende Dec bedeutet +d, abnehmende —d.
(2) Dritte (3rd) Korrektur nur für den Oberrand.
„App. Alt." = Sextanthöhe (Hs)
„True Alt." = beobachtete Höhe (Ho)
„Incr." = Increment = Zuwachs
„Intercept" = Höhenunterschied ($\triangle H$)

Abb. 27

Hier zwei Beispiele, zu deren Übersetzung gesagt sei, daß *limb* für Rand, *lower* für unterer und *upper* für oberer steht.

Limb (U or L)	upper	lower
App. Alt.	33°42′	49°36′
HP	57.6′	61.5′
1. Korr.	57.2′	47.2′
2. Korr.	3.6′	8.6′
	60.8′	
Upper limb	— 30.0′	
Gesamtkorrektur	+ 30.8′	+ 55.8′

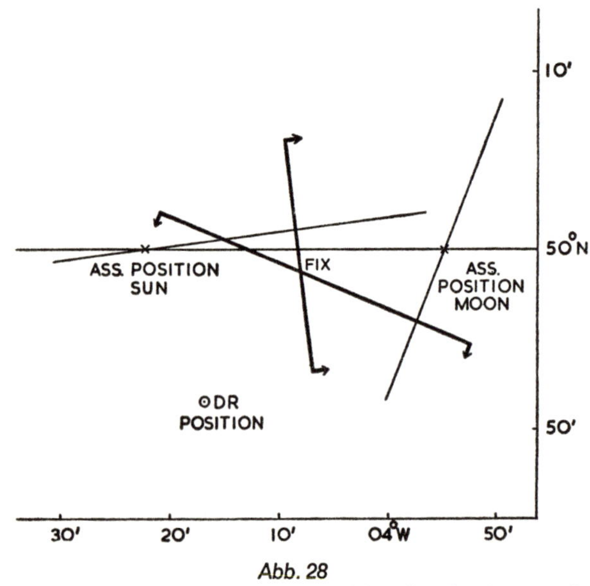

Abb. 28

Die Abb. 27 zeigt die Auswertung einer Mondbeobachtung, die wenige Minuten vor der letzten Sonnenbeobachtung gemacht wurde; den Plot in der Seekarte zeigt Abb. 28.

Planetenhöhen

Planeten sind ganz besonders brauchbar für Navigationszwecke, weil sie deutlich zu sehen sind, wenn es morgens und abends einen scharfen Horizont gibt. Der Nautical Almanac enthält Angaben für Venus, Mars Jupiter und Saturn. Die Werte für v und d sind am Ende jeder Spalte angegeben und sind ein Mittel für die drei Tage. Der einzige Unterschied zu Sonnen- und Mondhöhen ist der, daß v für die Venus manchmal negativ ist. Die Sextanthöhenberichtigungen stehen auf den Seiten A 2 und A 3 im Almanac. Indexfehler und Kimmtiefe müssen, wie immer, berücksichtigt werden und die Höhenkorrektur („Altitude Correction") ist nur für die Refraktion nötig, weil ein Halbmesser entfällt.

Das Erkennen von Planeten. Der Nautical Almanac enthält ein Diagramm über den Lauf der Planeten mit einer leicht faßlichen Anleitung zu seiner Benützung: er enthält sogar einen Abschnitt „Do not confuse" (nicht verwechseln) als Hilfe, wenn zwei Planeten nahe beisammen stehen. Wenn dein Besteck dennoch ergeben sollte, daß du frisch über Hamburgs Reeperbahn segelst, dann wahrscheinlich, weil du einen Planeten mit einem anderen oder mit einem hellen Fixstern verwechselt hast.

Meridianhöhen

Die Sonnenbeobachtung während ihres Meridiandurchgangs wird gewöhnlich als **Mittagshöhe** bezeichnet, weil sie während des „wahren" Ortsmittags des Beobachters genommen wird. Der erste Schritt zu einem solchen Vorhaben ist die Berechnung der Greenwich-Zeit, zu der die Sonne deinen Meridian erreichen wird. Die Zeit (GMT) des Sonnentransits von Greenwich (Mer. Pass.) ist in den Jahrbüchern für jeden Tag angegeben. Diese GMT stimmt für Greenwich. Liegt dein Standort aber östlicher, ist es bei dir nach Greenwichzeit früher Mittag; bei westlicher Länge später. Die Grade deiner Koppel-Länge müssen mit vier multipliziert werden, um den Zeitunterschied in Minuten zu erhalten, der von der Greenwich-Transitzeit subtrahiert (Ostlänge) oder ihr addiert (Westlänge) werden muß.

Am 7. Dezember 1971 (Anhang B, unten rechts) ist der Meridiandurchgang der Sonne für Greenwich mit 11 h 51 m angegeben. Demnach wirst du auf 10°00′ W die Kulmination um 10 x 4 = 40 min später haben, um 12 h 31 m GMT; auf 10° E entsprechend 40 min früher um 11 h 11 m GMT, entsprechend 1211 Uhr in Hamburgs Hauptbahnhof.*)

Sehen wir uns an zwei Beispielen die Auswertung einer solchen Mittagshöhe an; theoretisch wurde sie ja schon auf Seite 29 erklärt. Für beide Beispiele sei es der 15. Juli 1971 (Anhang A):

		Gіß-Lat 54°27′ N		Gіß-Lat 11°23′ S	
		Gіß-Lon 00°00′		Gіß-Lon 00°00′	
90°	=	89°60.0′		89°60.0′	
Ho	=	57°05.6′ — (S)		57°05.6′ — (N)	
ZD	=	32°54.4′	(N)	32°54.4′	(S)
Dec	=	21°35.4′	N +	21°35.4′	N —
Lat	=	54°29.8′	N	11°19.0′	S

Die Sonne wird während ihrer Meridianüberquerung für einige Minuten ihre größte Höhe beibehalten. Wenn sie daher deinem Sextant nach nicht mehr zu steigen scheint, nimm eine Reihe von fünf Messungen vor, die du am besten über zwei oder drei Minuten verteilst; dann nimm den Durchschnitt als Sextantablesung. Du brauchst dabei die Zeit nicht zu nehmen.

Vergiß nicht, daß die Deklination für den Zeitpunkt deiner Beobachtung genommen werden muß; wenn du also weit ostwärts oder westlich von Greenwich bist, wird dein Mittag etliche Stunden vom Greenwich-Mittag abweichen. Daher mußt du die entsprechende Deklination aufsuchen.

Auf die gleiche Weise kann die Kulmination jedes Gestirns ausgewertet werden und der Zeitpunkt des Meridiandurchgangs von Mond und Planeten ist im Almanac auf jeder Seite unten angegeben.

*) Uhrzeiten werden nach Maßgabe des Internationalen Signalbuchs in vier oder sechs Ziffern ohne Trennungen und Kennzeichnungen wie h, min (m heißt Meter!) und s geschrieben, woran sich die britische Verfasserin noch nicht gewöhnt hat. h, min, s schreibt man nur bei der Nennung von Zeitspannen: „Für die Distanz Eddistone-Ambrose Light brauchte die „United States" 4 d 10 h 44 min 33 s." (d = Tage.) D. Übers.

Meridianhöhen haben drei Vorteile:

1. Die genaue Zeit ist nicht nötig
2. Die Auswertung ist sehr einfach
3. Keine zeichnerische Arbeit

Fixsternhöhen

Sternwinkel (Sidereal Hour Angle, SHA). Die GHA einzelner Fixsterne sind im Almanac und Jahrbuch nicht angegeben. Man hat einen bestimmten Punkt am Himmel festgelegt, der „Aries“ oder „Frühlingspunkt“ genannt wird. (Er wird mit dem Widderzeichen ♈ bezeichnet.) Der GHA dieses Punktes ist im Almanac derart berücksichtigt, als ob er ein Gestirn wäre. Für die astronomische Navigation werden die Fixsterne in ihrer Lage zueinander und zum Frühlingspunkt lokalisiert, so daß der Winkel zwischen dem Meridian des Aries und dem Meridian eines bestimmten Fixsterns sich nicht ändert. Dieser Winkel, der in westlicher Richtung vom Meridian des Frühlingspunktes gemessen wird, ist der Sternwinkel (SHA = Sidereal Hour Angle).

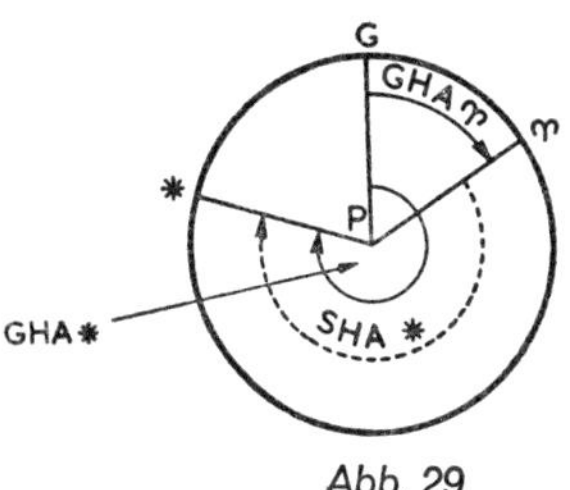

Abb. 29

Abb. 29 zeigt:

GHA ♈ Der Stundenwinkel zwischen dem Meridian des Frühlingspunkts, gemessen in westlicher Richtung vom Greenwich-Meridian.

SHA ✳ Den Stundenwinkel des Fixsterns, gemessen in westlicher Richtung vom Meridian des Frühlingspunkts. Dieser Winkel ändert sich so gut wie nicht.

GHA ✳ Der Greenwichstundenwinkel des Fixsterns, gemessen in westlicher Richtung vom Greenwich-Meridian.

Dieser letzte Winkel ist immer die Summe der beiden anderen Winkel:

GHA ♈ + SHA ✳ = GHA ✳

Sehen wir uns ein Beispiel an. Am 7. Dezember 1971 (Gißbesteck 35°43′ N, 19°12′ E) wird um 045632 GMT die Höhe des Sirius gemessen:

GHA ♈ (04)	135°16.7′	Anhang B
Zuwachs (56 m 32 s)	14°10.3′	Anhang C
GHA ♈	149°27.0′	
SHA Sirius	259°00.9′	Anhang B
	408°27.9′	
	—360	
GHA Sirius	48°27.9′	

Wie immer bei der Arbeit mit Stundenwinkeln muß 360° dann subtrahiert werden, wenn die Summe größer wird als 360°. Den Zuwachs, der zum GHA ♈ für die Minuten und Sekunden der GMT addiert werden muß, findest du in der Tabelle „Increments and Corrections“ in der Spalte „Aries“. Wenn du einmal den GHA ✳ ausgerechnet hast, findest du den LHA ✳ auf die übliche Weise.

Deklination

Die Deklinationen der Fixsterne ändern sich während des Jahres im wesentlichen nicht und sind zusammen mit dem Sternwinkel SHA in der Spalte „Stars“ (Fixsterne) im Hauptteil des Almanacs angegeben. Deshalb kann, vorausgesetzt die Deklination eines Fixsterns ist weniger als 30° (Nord wie Süd), die Beobachtung mit dem 2. und 3. Band von A. P. 3270 (H. O. 249) wie für andere Gestirne ausgewertet werden. Wenn du Beobachtungen von Fixsternen vornehmen willst, deren Deklination größer ist als 30° und die nicht im Band 1 enthalten sind, mußt du andere Tafeln benützen.

Dämmerung und die Vorbereitung von Fixsternbeobachtungen

Der Zeitraum vor Sonnenauf- und nach Sonnenuntergang wird „bürgerliche Dämmerung" genannt*); jene Zeitspanne, während der die Sonne sich zwischen 0° und 6° unterhalb des Horizonts befindet. Dann ist der Horizont scharf sichtbar und Planeten können während dieser Zeit beobachtet werden, aber es ist noch zu hell, um Fixsterne erkennen zu können. Der Zeitraum, während dem die Sonne 6° bis 12° unterhalb des Horizonts ist, heißt nautische Dämmerung und ist jene Zeit, in der auch Fixsterne beobachtet werden können. Beide Zeiträume — *civil twilight* und *nautical twilight* — haben eine gewisser Dauer, aber diese Dauer ist je nach Breite und Jahreszeit sehr verschieden. Der Nautical Almanac gibt die Zeit an, zu der diese beiden Dämmerungsarten beginnen, und zwar als Durchschnitt der drei Tage auf jeder Seite**). Du brauchst diese Zeit nicht auf die Minute genau einzuhalten. Es sind jedoch einige rechtzeitige Vorbereitungen notwendig, wenn du nicht mit deinem Sextanten in der Hand Hals über Kopf an Deck klettern willst, nur um zu erkennen, daß der Horizont in der Dunkelheit untergetaucht ist.

Es ist keine einfache Sache, einen Stern in das Fernrohr deines Sextanten zu bekommen. Die ungefähre Höhe sollte auf dem Instrument vorher eingestellt werden, so daß du dann den Stern mehr oder weniger am Horizont finden wirst, wenn du den Sextant in die Himmelsrichtung des Azimuts richtest. Wir wollen ein Beispiel der Vorbereitung durchgehen, zunächst mit einzelnen Fixsternen (A.P. 3270, Band 2 und 3) und dann mit Band 1 „ausgewählte Sterne" *(Selected Stars)*. Wir können auf 1° gerundet arbeiten.

Abend 15. Juli 1971, Giß 39° N, 40° W

Nautical twilight beginnt in Greenwich	20 — 35 GMT
Länge (40°) x 4	2 — 40
Nautical twilight beginnt auf Länge 40° W	23 — 15 GMT

*) Englisch (im Almanac): civil twilight — die nautische Dämmerung ist nautical twilight.

**) Im Nautischen Jahrbuch des DHI gibt es keine solchen Angaben.

			Antares	Spica	Regulus
GHA ♈ (23 h)	278°				
Zuwachs (15 m)	4	LHA ♈	242°	242°	242°
	282	SHA ✳	113	159	208
Länge W	40 (W—)			401	450
				360 —	360 —
LHA ♈	242°	LHA ✳	355°	41°	90°

Aber sieh nun, um wie vieles leichter das mit Band 1 ist! Die Arbeit ist die gleiche, soweit es sich um den LHA ♈ handelt, aber anschließend können wir mit den bekannten Angaben Breite 39° N und LHA ♈ 242° ohne weiteres in die Tafeln gehen und Höhe und Azimut jedes der folgenden Sterne finden. ✳ *Deneb, Altair, Nunki,* ✳ *Antares, Arcturus, Alkaid* und *Kochab.* Diese sieben sind die am besten geeigneten Gestirne für Beobachtungen zu dieser Zeit und an diesem Standort. Die Tafeln geben sie in der Weise an, daß sie zu jeder Zeit verwendet werden können, und die drei Fixsterne mit dem Sternchen sind jene, die am besten für eine gleichzeitige Beobachtung von drei Fixsternen geeignet sind, um einen genauen Standort zu erhalten. Dabei werden die Namen der gut sichtbaren Fixsterne in Großbuchstaben gedruckt, die von geringerer Lichtstärke mit Kleinbuchstaben. Du wirst wahrscheinlich nicht alle der angeführten Fixsterne beobachten können, aber fünf davon werden genügen, um dir eine eindeutige Standortbestimmung zu ermöglichen. Präge dir ein, daß jeder Grad des LHA vier Zeitminuten sind, so daß du für jeden folgenden Stern einen späteren LHA merken kannst. Wenn du dann deine Beobachtungen machst, wirst du keine Schwierigkeiten haben, Stern nach Stern zu finden.

Ausgewählte Sterne

Wie wir vorher gesehen haben, gibt Band 1 von A. P. 3270 sieben vorteilhafte Fixsterne für Beobachtungen auf jedem Breitengrad und LHA ♈ an. Anstelle des Azimutwinkels (Z) wird das Azimut (Zn) angegeben; das ist deswegen möglich, weil die Lösungen sowohl für nördliche als südliche Breiten in den Tafeln enthalten sind. Ein letztes Beispiel (Abb. 30 und

STARS with H.O.249 (A.P.3270)

DATE	8 December 1971	DR	40° 23'S 150° 08'E Standard Time + 10 h
NAUTICAL TWILIGHT BEGINS	20h 52m	GHA ♈	226° 30·6
150 °LONG × 4m	− 10 00	INCREMENT	13 02·1
NT BEGINS LOCALLY GMT	10 52	GHA ♈	239 32·7
NT BEGINS SHIP'S TIME	20 52	LONG W	150 08 (E+)
		LHA ♈	29 40·7 ± 360° (WHEN NECESSARY)

STAR & LHA	Hamal 30	* ALDEBARAN 31	RIGEL 32	SIRIUS 33	* CANOPUS 34	Peacock 35	* FORMALHAUT 36
Hc & Zn	26°40' 001	23°36' 040	38°02' 065	27°23' 089	46°56' 129	35°58' 221	46°46' 227
Hs	26° 26'	23° 58·5	38° 28'	28° 22'·5	48° 17'·5	32° 9'	44° 56'·5
I E	+ 2	+ 2	+ 2	+ 2	+ 2	+ 2	+ 2
DIP	− 3	− 3	− 3	− 3	− 3	− 3	− 3
ALT CORR	− 1·9	− 2·2	− 1·2	− 1·9	− 0·8	− 1·5	− 0·9
Ho	26 23·1	23 55·3	38 25·8	28 19·6	48 15·7	32 6·5	44 54·6
DW	20 56 13	21 01 42	21 04 34	21 10 28	21 17 02	21 22 15	21 27 25
DWE & ST	−10 12	10 12	10 12	10 12	10 12	10 12	10 12
GMT	10 56 01	11 01 30	11 04 22	11 10 16	11 16 50	11 22 03	11 27 13
GHA	226°30'·6	241° 33'·1	241° 33'·1	241° 33'·1	241° 33'·1	241° 33'·1	241° 33'·1
INCRE	14 02·6	22·6	1 05·5	2 34·4	4 13·2	5 31·7	6 49·4
GHA	240 33·2	241 55·7	242 38·6	244 07·5	245 46·3	247 04·8	248 22·5
ASS. LONG	150 26·8	150 04·3	150 21·4	149 52·5	150 13·7	149 55·2	150 37·5
LHA	31	32	33	34	36	37	39
Hc	26° 41'	24° 05'	38° 44'	28° 09'	48° 08'	31° 58'	44° 29'
Ho	26 23	23 55·5	38 26	28 19·5	48 15·5	32 6·5	44 54·5
INTERCEPT	18A	9·5A	18 A	10·5T	7·5T	8·5T	25·5 T
Zn	000°	039°	064°	089°	128°	220°	265°

Abb. 30

NT begins locally GMT =
Naut. Dämm. GMT
NT begins ships time =
Naut. Dämm. Bord-Z.
Increment = Zuwachs
Long = Länge
± 360° (when necessary) =
± 360° (wenn nötig)

Star & LHA = Fixstern und LHA
Alt.Corr. = Hkorr.
DW = Bord-Z
DWE & ST = Z-Zone und Stand
Incre = Zuwachs
Ass. Long = a Lon (Gi̇ß Lon)
Intercept = ΔH

Anhang G) gibt die gesamte Arbeit für eine Reihe von sieben Beobachtungen auf der südlichen Halbkugel an und zeigt, wie einfach die Rechnungen sind. Bei der Vorbereitung hat jeder Fixstern 1° LHA mehr erhalten als der vorhergehende, womit der Zeitablauf (4 min) berücksichtigt wird. Nimm mindestens drei Höhen von jedem Fixstern und bilde daraus das Mittel. Wenn du die Beobachtungen dann auswertest, wirst du eine gewisse Ähnlichkeit feststellen — fast einen Rhythmus. Indexfehler, Kimmtiefe, Stand der Borduhr und die Korrektur für mittlere Ortszeit sind für alle Beobachtungen die gleichen. Wir sehen auch, daß mit dem Zeitablauf der LHA stetig größer wird. In allen Fällen muß 360° vom LHA subtrahiert werden. Wir sehen auch, daß zufällig Hamal gerade auf unserem Meridian steht, und daher ist für ihn ein Plotting nicht nötig; die Standlinie wird die Breite 40°18′ S sein.

Diese Beobachtungen werden nun in die Karte eingezeichnet — eine lange und ermüdende Arbeit, die Aufmerksamkeit und Genauigkeit erfordert. Ein Fehler von nur einem Grad beim Zeichnen der Azimute macht bei großem Höhenunterschied einen beachtlichen Fehler. Der „wahrscheinlichste Schiffsort" wird jetzt gewählt, aber das überlegen wir auf Seite 68. Wenn du A. P. 3270, Band 1, benützt, ist es möglich, daß du diesen Standort verlegen mußt, wie ebenfalls später erläutert wird.

Präzession und Nutation

Band 1 von A. P. 3270 bzw. H. O. 249 muß alle fünf bis sieben Jahre neu aufgelegt werden, weil sich der LHA des Aries infolge der Präzession der Erdachse und der Nutation nicht langfristig vorherbestimmen läßt. Die Präzession ist die von Kreiseln her bekannte Taumelbewegung entgegen der Drehrichtung des Kreisels; sie verschiebt den Frühlingpunkt allmählich immer weiter westlich. Die Nutation ist eine Unregelmäßigkeit dieser Bewegung, hervorgerufen durch wechselnde Anziehungskräfte der Sonne, des Mondes und anderer Planeten.

Eine Korrektur für diese beiden Gegebenheiten ist in Tafel 5 am Ende des Bandes 1 enthalten, für deren Gebrauch als Eingangswerte das Jahr, der LHA ♈ und die Breite zu verwenden sind. In dem vorliegenden Beispiel ist der Standort nur um eine Seemeile in Richtung rechtweisend 060° zu verlegen, aber im Jahre 1975 wird die Korrektur nicht weniger als 5 sm betragen. Es ist hervorzuheben, daß diese Korrektur nur für eine Standlinie oder einen Standort notwendig ist, der sich aus der Arbeit mit Band 1 ergeben hat. Wenn der Polarstern oder ein Planet gemeinsam mit anderen Sternen beobachtet wurde, müssen ihre Standlinien nicht verlegt werden, wohl aber muß in einem solchen Fall die Standlinie jedes Fixsterns einzeln korrigiert werden, bevor man den richtigen Standort erhält.

Meridiandurchgang

Jeder Fixstern überquert den Meridian des Beobachters, wenn LHA ♈ = 360° — SHA ✳. Um die Zeit eines gegebenen LHA ♈ zu finden, muß die Länge des Beobachters zum LHA addiert (W) oder vom LHA subtrahiert (E) werden, um GHA zu erhalten. Die Zeit dieses GHA wird dann dem Almanac entnommen. Um beispielsweise die Zeit des Meridiandurchgangs des Sirius auf der Länge 10° W am 7. Dezember 1971 zu finden, lautet die Rechnung:

SHA Sirius 259°00.9′ 360° — 259° 00.9′ = 100° 59.1′ = LHA ♈
100° 59.1′ + 10° (W) = 110° 59.1′ = GHA ♈

Aus dem Almanac entnehmen wir, daß der GHA ♈ um 0200 GMT = 105° 11.8′ beträgt, und daß 5°47.3′ der Zuwachs für 23 m 5 s ist; also ist die Zeit für den Meridiandurchgang 02-23-05 GMT.

Polarsternhöhen

Wie schon auf Seite 31 gesagt wurde, würde seine beobachtete Höhe dann die Breite des Beobachters sein, wenn Polaris genau über dem Nordpol stehen würde; aber der Polarstern steht knapp 2° exzentrisch zum Himmelspol, also ist eine Korrektur notwendig.
Wenn du eine Polarishöhe nimmst, merke dir die Zeit — eine volle Minute wird genügen — und stelle den GHA aus dem Almanac für diese Zeit fest. Angenommen, du hast deine Höhenmessung um 0633 GMT am 7. Dezember 1971 vorgenommen. Giß 50°00′ N, 03°42′ E

GHA	(06)	156°21.6′	Beobachtete Höhe	49°14.0′
Zuwachs	(3300)	8°16.4′	a_0 (LHA 177°20′)	1°41.8′
Gіß Länge E		3°42.0′ (E+)	a_1 (Lat 50°)	0.6′
LHA ♈		177°20.0′	a_2 (Dezember)	0.2′
			Summe — 1° = Breite	49°56.6′

Die drei Korrekturen in der rechten Zeilenkolonne (a_0, a_1 und a_2) findest du in den Polaris-Tafeln am Ende des Almanac. Die Sextantablesung wird wie für einen Fixstern oder einen Planeten mit der Indexkorrektur, Kimmtiefe und der Refraktion aus der „Altitude Correction Table" für Fixsterne und Planeten auf Seite A 2 berichtigt (das ist lediglich eine einfache Refraktionstabelle). Weil eine genaue Zeit nicht nötig ist, solltest du es nicht unterlassen, das Mittel aus zumindest drei Beobachtungen als Sextanthöhe zu nehmen.

Die Wahl des Standorts

„Einen guten Navigator zeichnet nicht so sehr die Fähigkeit aus, richtige Angaben für seine Berechnung zu erhalten, als seine Fähigkeit, die Angaben, die ihm zur Verfügung stehen, zu wägen und daraus die richtigen Schlüsse zu ziehen", sagte Captain Alton B. Moody. U.S.N.R. Und nachdem wir nun eine Beobachtung vorgenommen, sie ausgewertet und ihr

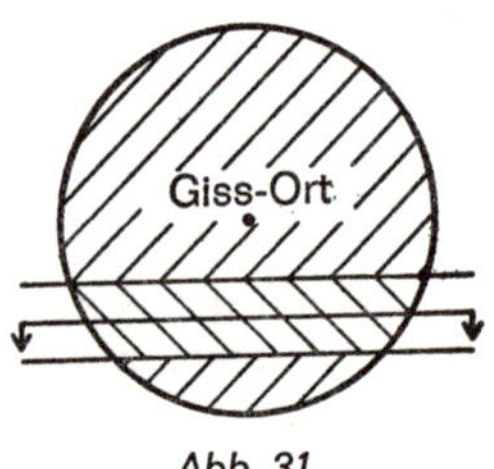

Abb. 31

Ergebnis in die Karte eingezeichnet haben, müssen wir ganz sicher auch wissen, ob wir dieses Ergebnis verwenden werden. Ein erfahrener Beobachter kann nach einer Beobachtungsreihe unter guten Bedingungen mit einer Fehler-Wahrscheinlichkeit von nicht mehr als 0,5 Seemeilen pro Standlinie rechnen. Das bedeutet, daß eine Bandbreite von 1 Seemeile gegeben ist, innerhalb derer der Standort des Schiffes liegen muß. Die Abb. 31 zeigt, wie sehr das Umfeld der Unsicherheit um einen Gißort durch eine einzelne Standlinie verkleinert werden kann. Mit zwei Standlinien, deren Richtigkeit du in gleicher Weise vertrauen kannst, wird der Standort in der Gegend des Schnittpunktes dieser beiden Standlinien noch genauer. Mit drei Standlinien kannst du annehmen, daß dein Standort im Mittelpunkt des von ihnen eingeschlossenen Dreiecks, „Dreispitz", liegt, obwohl im Falle eines grundsätzlichen Fehlers (etwa eines Indexfehlers oder eines Fehlers bei der Kimmtiefe) der tatsächliche Standort außerhalb dieses Dreiecks liegen könnte. Einen solchen Fall zeigt die Abb. 32 in der ein solcher grundsätzlicher Fehler alle drei Standlinien verschoben hat und zwar — wie den Azimutpfeilen zu entnehmen ist — weg von der Richtung der beobachteten Gestirne.

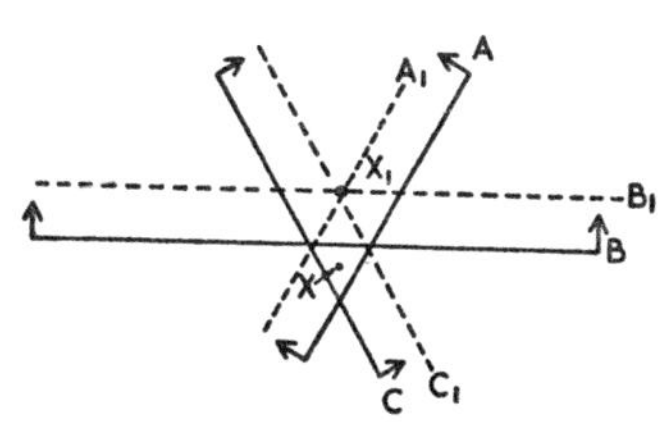

Abb. 32
Drei Standlinien A, B, C, jede mit einem konstanten Fehler, ergeben einen scheinbaren Schiffsort in X. A_1, B_1, C_1 sind Standlinien ohne den konstanten Fehler und ergeben den tatsächlichen Standort X_1.

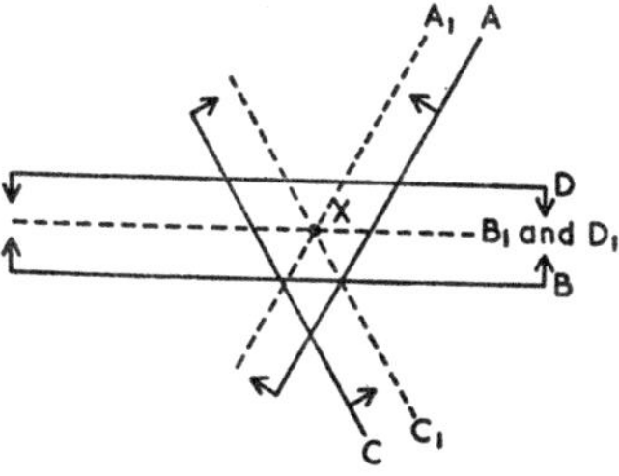

Abb. 33
Die Standlinie D ermöglicht es, den grundsätzlichen Fehler zu erkennen und zu berücksichtigen; beide Gruppen von Standlinien A, B, C, D (mit grundsätzlichem Fehler) und A_1, B_1, C_1, D_1 (ohne) ergeben den Standort des Schiffes in X.

Die sicherste Gewähr für eine richtige Auswertung von Einzeichnungen in die Karte ist der, Azimutpfeile an jeder Standlinie anzubringen und den Winkel zwischen solchen Standlinien zu halbieren, deren Azimutpfeile jeweils in die entgegengesetzte Richtung zeigen. Die Schnittpunkte

dieser Halbierungslinien werden dann den sichersten Standort ergeben. Zu berücksichtigen ist aber, daß diese Methode nur dann zuverlässig ist, wenn der Unterschied der Azimute über 60° ist. Wenn du dir die Abb. 32 noch einmal ansiehst, wirst du bemerken, daß die Azimute 311 grd, 000 grd und 036 grd waren, so daß nur zwischen dem ersten und dem letzten ein Winkel von mindestens 60° bestanden hat. Die Abb. 33 zeigt, wie eine vierte Standlinie (mit dem gleichen grundsätzlichen Fehler) mit einem Azimut von 180° die Situation klärt.
Es ist auch bemerkenswert, daß das Dreieck in Abb. 32 nicht nur wegen der schlechten Azimutverteilung unzuverlässig war, sondern es war auch verdächtig, weil die Azimutpfeile an den Standlinien A und C einwärts zum Dreieck weisen, während jene der Standlinie B von dem Dreieck weg weisen. Bei einer wirklich zuverlässigen Serie von Beobachtungen sollten die Pfeile entweder alle aus dem geschlossenen Dreieck heraus weisen, oder, wie in Abb. 33 alle auf das Dreieck zu. Wenn einige dieser Pfeile einwärts und andere auswärts weisen, ist das ein Unsicherheitsfaktor, der beseitigt werden sollte, bevor du deinem Standort zu sehr vertraust.
Mit mehreren Standlinien, sagen wir von 6 Fixsternhöhen, wirst du um vieles sicherer gehen, aber die Zeichnung auf der Karte wird schwerer auszuwerten sein. Abb. 34a zeigt eine solche Serie von 6 Fixsternbeobachtungen, die beim ersten Hinsehen recht schwierig auszuwerten erscheint, weil sie einige Dreiecke und sonstige eingeschlossene Flächen ergibt. Die Abb. 34b zeigt die gleiche Beobachtung mit Azimutpfeilen und den Mittellinien zwischen den größten Standliniendifferenzen oder ihren Azimutdifferenzen. Es wird jetzt auch deutlich, daß es einen gleichen grundsätzlichen Fehler bei den fünf Standlinien gegeben hat, die um den wahrscheinlichsten Standort lagen und daß nur eine (Antares) einen wesentlich größeren Fehler aufwies.
Die Abb. 35 zeigt unsere als Beispiel angenommene Fixsternbeobachtung von Seite 64 als Einzeichnung in die Karte, und wir entnehmen der Richtung der Azimutpfeile (alle einwärts), daß die Standlinien diesbezüglich einer Prüfung standhalten. Es zeigt sich auch, daß die Standlinie Rigel (R) in diesem Fall wenig Wert hat, denn die Halbierungen zwischen den drei Paaren: Sirius (S) und Formalhaut (F), Aldebaran (A) und Peacock (P), Canopus (C) und Hamal (H) reichen aus, um einen zuverlässigen Stand-

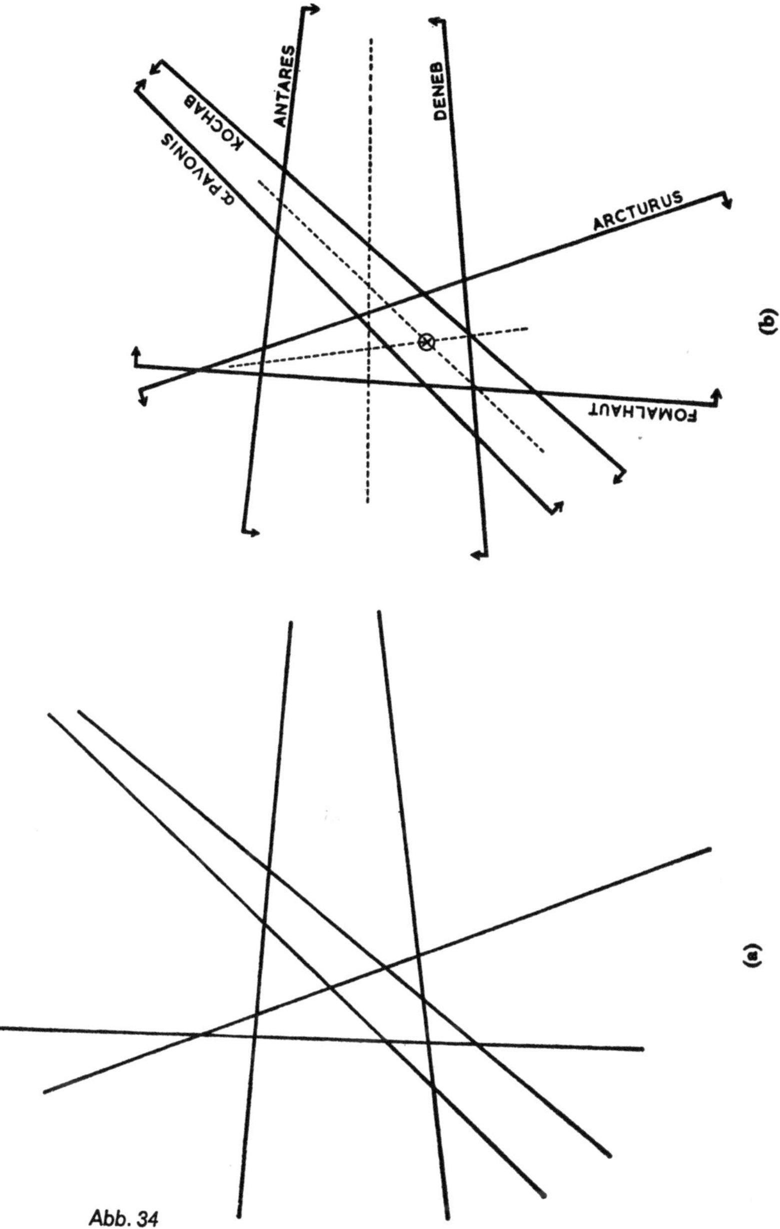

Abb. 34

ort zu erhalten. Im allgemeinen erhält man einen genügend genauen Standort, indem man einfach den Mittelpunkt jener Fläche nimmt, die von der größten Anzahl von Schnittpunkten eingeschlossen wird. Ebenso wie bei terrestrischen Peilungen wird der kluge Navigator jenen Standort als den wahrscheinlichsten annehmen, welcher der Gefahr am nächsten liegt; etwa in Richtung Land.

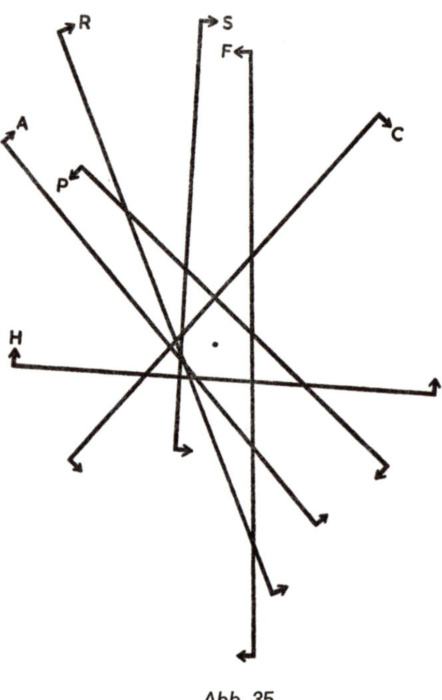

Abb. 35

Zwei Punkte sollen noch hervorgehoben werden:

Erstens: Beobachtungen sind mit den modernen Methoden einfach auszuwerten. Die genaue Zeit ist, Dank des Funks, kein ernsthaftes Problem.

Aber die Genauigkeit deiner Standlinie hängt weitgehend von der Genauigkeit deiner Höhenmessung ab. Es ist möglich, daß du einen schlechten Horizont hast, rauhe See, Spritzwasser auf dem Sextanten oder Wolken, die die Sonne verstecken. All dies wird deine Schwierigkeiten erhöhen, und kein Buch kann dir dabei helfen. Das Einzige was hier hilft, ist Übung und Praxis, bis du die nötige Fertigkeit und begründetes Selbstvertrauen erworben hast.

Zweitens solltest du dir nicht vormachen, daß astronomische Navigation nur für eine Atlantiküberquerung Nutzen bringt; sie kann auch in der Küstenseefahrt überaus wertvoll sein. Wenn du eine Nacht lang bei Flaute umhergetrieben bist, kann dir eine astronomische Morgenstandlinie parallel zu deinem Kurs ermöglichen, deinen Kurs, geraume Zeit bevor du Seezeichen und Landmarken ausmachen kannst, zu ändern und eine solche Änderung kann dir viele Stunden ersparen, die du sonst gegen die Tide ansegeln müßtest.
Eine sorgfältige Koppelrechnung wird selbstverständlich immer die Grundlage guter Yachtnavigation sein. Aber da können sich Fehler einschleichen, und die Möglichkeit, deinen Gißort durch eine Höhenmessung zu bestätigen oder zu korrigieren, von der du weißt, daß du ihr vertrauen kannst, kann sorgenvolle Stunden und viel Ärger ersparen. Wenn du Vertrauen in deine Beobachtungen hast, wirst du merken, wie oft du sie benötigst, und ich hoffe, daß dieses Buch dich nicht nur in die Lage versetzen wird, Standlinien zu erhalten, sondern dir auch Anlaß geben wird, tiefer in das faszinierende Studium der astronomischen Navigation einzudringen.

Anmerkungen

Sextanten

Sextanten werden so genannt, weil der Gradbogen an ihrer Unterseite ein Sechstel eines Kreises (60°) groß ist. Der Winkel, der gemessen werden kann, beträgt allerdings 120°, weil das Bild der Sonne sich um zwei Grad verschiebt, wenn du den Zeigerarm um ein Grad fortbewegst. Das neueste Instrument des Yachtskippers, das ich im Jahre 1970 gesehen habe, ist ein Oktant. Hier beträgt der Kreisbogen ein Achtel eines Kreises und mißt 90°. Er ist deshalb viel kleiner und leichter zu verstauen als ein Sextant. Das Prinzip, nach dem ein Oktant gehandhabt wird ist das gleiche, und der Einfachheit halber sprechen wir hier nur von Sextanten.

Wenn du durch das Fernrohr des Sextanten schaust, siehst du einen Teil eines rechteckigen oder runden Rahmens; davon besteht die linke Seite aus gewöhnlichem Glas, durch das du den Horizont sehen kannst, und die rechte Seite ist ein Spiegel. Dieser Spiegel reflektiert das Objekt von einem anderen Spiegel, der oben im Drehpunkt des Zeigerarms befestigt ist und sich mit diesem dreht. Das untere Ende des Zeigerarms bewegt sich entlang einer Skala mit Gradeinteilung. Die Minutenablesung erfolgt von einer Trommel, mit der die Feineinstellung vorgenommen wird. Auf älteren Sextanten werden die Minuten mit Hilfe eines Nonius von der Gradskala abgelesen.

Drehe ein oder zwei Blendgläser vor den oberen Spiegel, dann wende dich der Sonne zu und schau durch das Fernrohr auf den Horizont (oder Gartenzaun). Bewege den Zeigerarm (auch Indexarm genannt) langsam, bis die Sonne erscheint und dann hole die Sonne, an der Trommel drehend, weiter herunter, bis sie auf dem Horizont aufsitzt; das ist deine Höhenmessung. Dann lies die Höhe auf die halbe Minute genau ab.

Sextanten sind empfindliche Instrumente und müssen vorsichtig behandelt werden. Sie können verschiedene Ungenauigkeiten aufweisen, von denen die häufigsten folgende sind:

1. Sextantfehler

Das ist ein Erzeugungsfehler am Instrument, der vom Hersteller auf dem Deckel der Sextantkiste angegeben sein sollte. Er sollte unerheblich sein.

2. Indexfehler

Das ist ein veränderlicher Fehler, der häufig auf folgende Weise überprüft werden sollte: Stelle den Sextant ungefähr auf Null und richte ihn auf die Sonne; du wirst zwei Sonnen sehen. Verstelle den Sextant so, daß die beiden Ränder der Sonnenscheibe sich gerade berühren, dann lies den Sextant ab. Anschließend vertausche die beiden Sonnenscheiben durch Verstellen des Sextanten und lies noch einmal ab. Du wirst feststellen, daß die eine Ablesung von der normalen Skala zu machen ist, die andere von der Minusskala. Subtrahiere die kleinere Ablesung von der größeren, halbiere das Resultat und das Ergebnis ist der Indexfehler, der addiert werden muß, wenn die größere Ablesung auf der Minus-Skala gemacht wurde, und subtrahiert, wenn die größere Ablesung auf der Plus-Skala gemacht wurde. Du kannst die Genauigkeit deiner Ablesung damit kontrollieren, daß du die beiden Ablesungen addierst; die Summe sollte dann gleich dem vierfachen Halbmesser der Sonne sein. In Zahlen könnte dies etwa so aussehen:

15. Juli 1971, SD 15.8′

Sextantablesung:	33.2′ plus	Kontrolle:	33.2′
	30.0′ minus		30.0′
	3.2′ :2		63.2′ :4
Indexfehler:	1.6′ plus		15.8′

Auf die halbe Minute genau abgerundet ist der Indexfehler 1′,5 plus und dieser Indexfehler als Indexkorrektur (Ic) (mit umgekehrtem Vorzeichen) muß von der Sextantablesung subtrahiert werden.

Eine andere, weniger genaue Methode den Indexfehler festzustellen ist, deinen Sextant auf Null zu stellen wenn du einen wirklich guten und scharfen Horizont hast, ihn durch das Fernrohr anzuvisieren und durch Drehen an der Trommel eine gerade Linie aus dem Horizont zu machen. Die Ablesung sollte, wird aber nicht null sein; die Differenz ist dann der Indexfehler.
Der Sextant sollte korrigiert werden, wenn der Indexfehler mehr als 3′ beträgt.
Ein angenommener Indexfehler wurde in den Beispielen dieses Buches verwendet.

3. Spiegelkippfehler

Wenn du den Indexfehler überprüfst, sollten die zwei Sonnen genau übereinander erscheinen. Wenn sie sehr stark seitlich verschoben erscheinen, sollten die Spiegel justiert werden. Wie dies gemacht wird, steht in gewichtigeren Navigationsbüchern. Man lasse es sich beim Kauf des Sextanten zeigen.

Sterngloben*)

Wenn du zu den Glücklichen zählst, die einen Sternglobus besitzen, oder dir einen ausborgen kannst, beschäftige dich eingehend damit. Er macht es leicht, Sterne aufzufinden und er wird dir auch dabei helfen, eine klare Vorstellung von Stundenwinkel, Azimut, Höhen und nautisch-sphärischen Dreiecken zu bekommen.
Du mußt dir vorstellen, daß die Erde sich innerhalb im Zentrum des Globus befindet. Der Nordpol des Globus (der Himmels-Nordpol) befindet sich über dem Nordpol der Erde und der Äquator des Globus (der Himmelsäquator) verläuft parallel zum Erdäquator. Die Metallschiene, die den Globus umgibt, ist der Azimutring, der auch den Himmelshorizont veranschaulicht — das Gegenstück zu deinem Horizont.
Deine Breite wird von der festen Metallschiene abgelesen, die von Pol zu Pol reicht und mit einer Gradeinteilung versehen ist. In nördlichen Brei-

---

*) Der Gebrauch von Sterngloben ist nur bei englischen Navigatoren einigermaßen verbreitet; d. Übers.

ten bewege den Nordpol des Globus (dort wo der Polarstern — Polaris — eingezeichnet ist) nach Norden, bis deine Breite unter dem Azimutring liegt.
Die feste Metallschiene versinnbildlicht deinen Meridian. Wenn der Globus sich unter dieser Schiene dreht, zeigt er den Aufgang der Sterne, wie sie dann deinen Meridian überqueren und wieder untergehen.
Der Himmelsäquator ist auf dem Globus selbst bezeichnet und sowohl im Bogen- wie im Zeitmaß geteilt.
Stellen wir uns vor, daß du um 22.00 des 7. Dezember 1971 auf dem Greenwich-Meridian bist. Schlage den GHA ♈ für diese Zeit nach — 46° 01′. Suche diese Zahl (oder besser: 46°) auf dem Himmelsäquator und drehe sie unter die feste Schiene (auf der „Süd"-Seite des Globus). Dann werden auf dem Globus jene Sterne erscheinen, die zu dieser Zeit am Himmel sichtbar sind. Wenn du nicht auf dem Greenwich-Meridian bist, mußt du natürlich den LHA ♈ addieren, bzw. subtrahieren.
Und jetzt wird dir ein Licht aufgehen: der Knopf ganz oben ist dein Zenit. Von den Metallschienen kannst du Höhe und Azimut jedes sichtbaren Sterns ablesen. Das nautische Dreieck wird gebildet vom Pol (P), dem Knopf an der Oberseite (Z) und dem Stern (X).

Sphärische Dreiecke

Wen's interessiert: Die Grundformel zur Lösung des sphärischen Dreiecks (Abb. 36) lautet:

$$\cos a = \cos b \cdot \cos c + \sin b \cdot \cos A$$

$$\cos c = \frac{\cos c - \cos a \cdot \cos b}{\sin a \cdot \sin b}$$

A und C sind die an den Ecken eingeschlossenen Winkel.

Tables of Computed Altitude and Azimuth (H. D. 486, H. O. 214)

Es handelt sich hier um Tafeln in 6 Bänden, von denen jeder 15 Breitengrade für die Deklinationen 0° bis 75° behandelt. Obwohl diese Seefahrttafeln für den Gebrauch mit dem Nautical Almanac hergestellt wurden, habe ich sie doch nicht für die Beispiele in diesem Buch benützt, weil sie einerseits bald überholt sein werden und andererseits komplizierter im Gebrauch sind. Sie sind allerdings genauer und geben Höhen bis 0.1′ und Azimute bis auf 0.1° an. (A. P. 3270 gibt Höhen bis 1′ und Azimute bis auf 1° an.) Die hauptsächlichsten Unterschiede zu den Luftfahrttafeln sind:

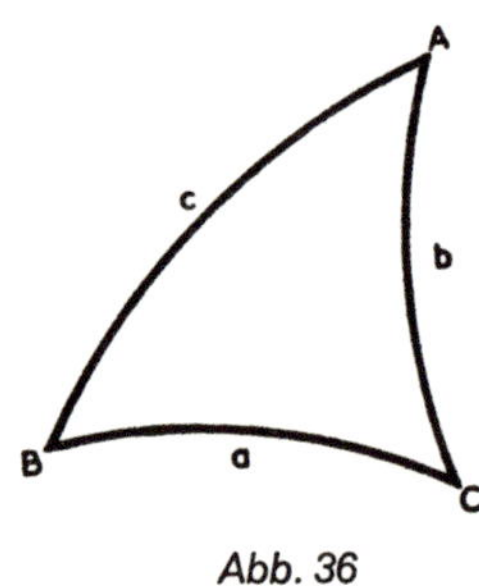

Abb. 36

1. Der Winkel am oberen Pol (P) gilt anstelle LHA als Tafeleingang. Die Regel dazu ist:

   LHA kleiner als 180° . . . P = LHA
   LHA größer als 180° . . . P = 360° — LHA

2. Das Vorzeichen für d wird nicht angegeben und muß aus den Tafeln durch Vergleich der tabellierten Höhe mit jener in der nächst höheren Spalte der Deklination gesucht werden. Wenn die Höhe bei wachsender Deklination zunimmt, ist d plus; wenn sie abnimmt, ist d minus.
3. Die Höhe wird für jedes halbe Grad der Deklination angegeben, während in den Luftfahrttafeln nur jedes volle Grad berücksichtigt wird.

Marine Sight and Reduction Tables (H. O. 229)

Diese neuen Tafeln werden in sechs Bänden erscheinen, von denen jeder 16° Breite umfaßt. Die einzelnen Bände werden sich jeweils um 1° überschneiden. Zum Unterschied von früheren Tafeln, in denen die Tafelseiten nach Breitengraden eingeteilt waren, ist die bezeichnende Angabe für jede Seite hier der LHA. Man erhält den LHA aus dem Almanac und hat dann die entsprechende Seite in den Tafeln aufzuschlagen. Auf jeder

Seite ist die Breite Eingangswert für die Zeile, während die vertikalen Kolonnen nach der Deklination geordnet sind. Hc und Z sind auf 0.1′ bzw. 0.1° genau angegeben. Auch wird das Vorzeichen für d genannt, für das die Ziffern entweder in Antiqua oder in Kursivschrift gedruckt sein werden. Die Tafel zur Interpolation des Zuwachses der Deklination ist komplizierter als die in den Air Tables, obwohl natürlich, wie meistens, alles durch Gewöhnung bald einfach erscheint. Wenn die Ziffern für d in Antiqua gedruckt sind, ist die Interpolation problemlos. Aber wenn sie in Kursivschrift gedruckt sind, was nicht oft der Fall sein wird und nur mit Höhen über 60° eintreten kann, muß eine Korrektur für *„Doppelte Sekundendifferenz“* (double second difference) angebracht werden, was etwas Übung erfordert.

Heimarbeit

Du kannst gewisse Erfahrungen zu Hause sammeln, wenn du den genauen Standort deines Heims feststellen willst, indem du einen künstlichen Horizont benützt. Es handelt sich hier nicht wirklich um einen Horizont, aber um eine reflektierende horizontale Fläche, die es dir ermöglicht, mit einem Sextant den Winkel zwischen einem Gestirn und seinem Spiegelbild zu messen. Der Winkel ist dann die doppelte Höhe.
Die einfachste Art eines künstlichen Horizonts ist ein Eimer voll Wasser. Dies hat aber den Nachteil, daß man diese Methode nur bei Totenflaute anwenden kann, weil eine unruhige Oberfläche das Spiegelbild verzerrt. Besser geeignet ist eine flache Schale mit Quecksilber oder Öl, die beide gut reflektieren.
An einem stillen, sonnigen Tag stelle den „Horizont“ zwischen die Sonne und dich und bringe die „echte“ Sonne mit dem Sextant herunter bis zu ihrem Spiegelbild, so daß die zwei Sonnen sich genau decken. Nimm fünf Höhenmessungen in möglichst genau gezeiteten Abständen von je etwa einer Minute vor. Ziehe das Mittel aus diesen Höhenmessungen und halbiere den sich so ergebenden Winkel, um die Sextanthöhe zu erhalten. Korrekturen für Kimmtiefe und Halbmesser sind nicht nötig, wohl aber solche für Indexfehler und Refraktion, um die beobachtete Höhe zu erhalten. Die „Altitude Correction Table for Stars and Planets“ (Anhang D) ist praktisch eine einfache Refraktionstabelle und kann benützt werden.

Eine Höhenmessung des Mondes ist einfach, und sie blendet weniger als eine Höhenmessung der Sonne. Man muß hier die Anweisungen befolgen, die in den „Moon Altitude Correction Tables" (Anhang E) für „*bubble sextants*" (Libellensextanten) gegeben werden, denn sie gelten für jeden künstlichen Horizont.
Wenn deine Standlinie nicht genau durch dein Haus führt, wird der Fehler eher an deiner Beobachtung oder Auswertung denn an der Karte liegen, außer du wohnst in Timbuktu, Patagonien oder sonstwo in einer Wildnis.

Plotting sheets, Leerkarten, Gitterpapier*)

Die zeichnerische Auswertung astronomischer Beobachtungen nimmt der Navigator nur selten einmal direkt in der Seekarte vor — ausgenommen eine gelegentliche, einzelne Sonnenstandlinie. Die zeichnerische Auswertung nimmt man auf Leerblättern, sogenannten Plotting Sheets vor — ein Ausdruck der sich bei deutschen Navigatoren eingebürgert hat für den in Abbildung 37 gezeigten Vordruck des US Oceanographic Office — oder ähnliche Netzkarten, wie das Gitterpapier nach Glahn oder Freiesleben. (Das Deutsche Hydographische Institut verkauft als „Leerkarten" und „Plotting Sheets" etwas ganz anderes.)
Solche Blätter sind nötig, weil die Längenminuten nur am Äquator Seemeilen entsprechen, sonst nirgends, weil Breitengrade keine Großkreise sind. Allgemein entspricht eine Seemeile in ost-westlicher Richtung dem Längenunterschied x cos Breitengrad. Das Verhältnis Länge/Breite = cos Breite. Für 50° Breite (N oder S, das ist egal) bedeutet dies, weil cos 50° = 0,6428 ist, daß sich auf der Mercatorkarte oder -skizze der Abstand zwischen zwei Längenminuten nur rund 6,4 mm abbildet, wenn wir als Abstand der Breitenminuten 10 mm gewählt haben.
(Es könnte sich anbieten, eine zeichnerisch praktische Längenteilung, etwa DLon = 1′ = 1 cm, als Grundlage zu nehmen, weil die angenommene Länge einen ungeraden Wert hat, und den Maßstab für die Breite — und die Seemeilen! — danach zu richten. Die Breite müßte dann als secans-Funktion des Längenmaßstabs gezeichnet werden. Bei 50° Breite und

*) Von hier ab von der YACHT-Redaktion neu bearbeitet

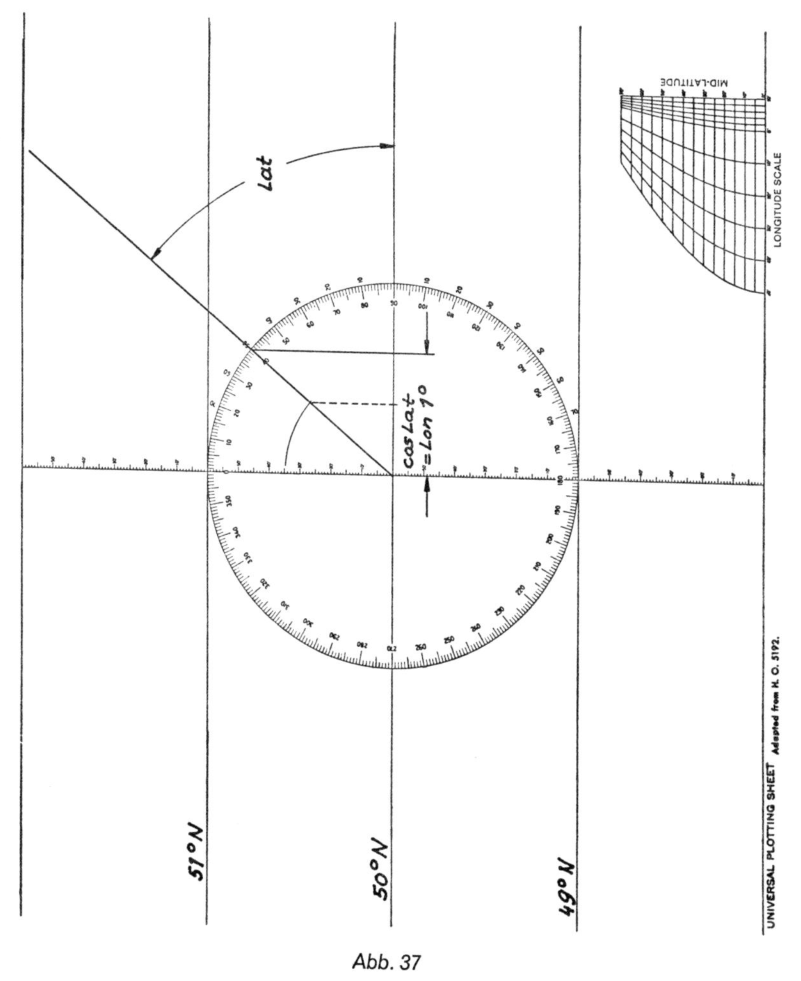
UNIVERSAL PLOTTING SHEET Navigator
MID-LATITUDE
LONGITUDE SCALE
Lat
cos Lat
=Lon 1°
51°N
50°N
49°N
UNIVERSAL PLOTTING SHEET Adapted from H. O. 5192.

Abb. 37

1 cm = 1′ Lon, also 1′ Lat = 1,557 cm. Die Verfasserin hat dies in der Originalausgabe vorgeschlagen, aber es ist unpraktisch, mit dem Maßstab 1 sm = 1,557 cm zu plotten. Wir machen es deshalb hier anders.)
In das US-Plotting-Sheet haben wir eine Hilfsgerade mit einer Neigung von 50° zur Horizontalen eingezeichnet; sie steht damit für den Breitengrad 50°. Tragen wir auf dieser Hilfsgeraden den Maßstab für die Breitenteilung ab und fällen von den Teilpunkten das Lot auf eine der Horizontalen, dann markieren wir so „automatisch“ die Teilung der Längengrade im richtigen, engeren Cosinusmaßstab der Breite.
Wir können uns freilich den Import amerikanischer Plotting-Vordrucke

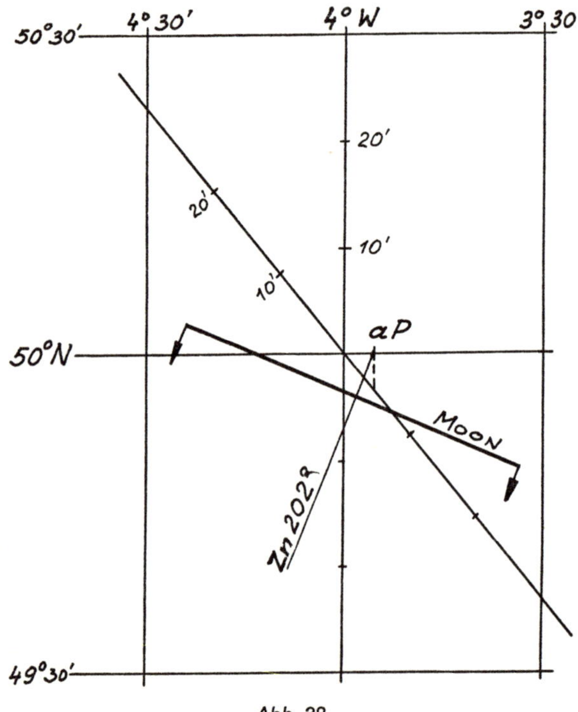

Abb. 38

sparen — und das tun wir auch. Wir nehmen (Abbildung 38) ein weißes Blatt Papier und zeichnen in dessen Mitte mit dem Kursdreieck und einem nicht zu weichen, gut gespitzten Bleistift ein Kreuz — bitte schön rechtwinklig. An den horizontalen Strich malen wir die angenommene Breite — bleiben wir bei 50° N. Nun zeichnen wir durch den Schnittpunkt des Kreuzes die Hilfsgerade mit Neigung 50° zum soeben ernannten Breitenparallel — daran denken, daß die Zahlen auf dem Kursdreieck Kurse vom Meridian aus sind, wir müssen 50° vom Parallel aus messen; abzählen!
Nun wählen wir einen Zeichenmaßstab; am besten 60 mm = 30 sm = 30′ Breite, denn mit diesem Maßstab kriegen wir die meisten Ortsbestimmungen auf ein Stück Papier vom Format DIN A 5. Zum ersten Parallel ziehen wir nun noch je einen Parallel in 60 mm Abstand darüber und darunter; der oberste wird als 50°30′ N bezeichnet, der unterste als 49°30′ N. Mit diesem Maßstab tragen wir auch die „krummen" Werte unserer angenommenen Längen ab, *aber nur auf der schrägen Hilfsgeraden.*
Eingezeichnet ist das Beispiel der Mondbeobachtung aus Abbildung 27 mit seiner angenommenen Länge von 3° 55.4′ W. Im Plot sind auf der Hilfsgeraden von 3° 30′ W aus im Seemeilenmaßstab 25.4′ (knapp 51 mm) entsprechend als aLon abgetragen und von dort mit dem Kursdreieck das Lot auf 50° N gefällt, was den Bezugsort (aP) ergibt, von dem aus wir das Azimut abtragen müssen (Zn = 202°) und, wie vernommen, rechtwinklig dazu in einem Abstand von 4,4 sm zum Mond hin die Standlinie.

Länge und Breite Schiffsort (FIX)

Hast du mittels mehrerer Gestirne und deren Standlinien schließlich einen Schiffsort geplottet, so fällst du von diesem aus ein Lot auf den Meridian (hier 4° W) und mißt an ihm entlang die Millimeter bis zur vollgradigen Breite — angenommen, es wären 28 mm, so entspräche das 56′. Und dann zeichnest du noch eine Lotrechte zum Breitenparallel vom Schiffsort aus und führst sie durch bis auf die Hilfsgerade; vom Schnittpunkt mit dieser bis zu ihrem Schnitt mit dem Bezugsbreitengrad (hier 50° N) mißt du auch die Millimeter, die so im Maßstab den Längengraden entsprechen — angenommen, es wären 17 mm nach rechts von 4° W, dann kämen als Längengrad des Schiffsortes 3°26′ W heraus, denn 17 mm ≙ 34′ zum Abziehen, weil „rechts" ostwärts bedeutet.

Merke dir noch, daß du in den höheren Breiten, so ab 40° aufwärts ziemlich genau zeichnen mußt, damit es keine zu großen Längenfehler gibt. Andererseits ist die geschilderte Plottingmethode selbst auf großen Yachten so genau wie jede andere, auch rechnerische, weil die Ungenauigkeiten der beiden Ausgangswerte — Sextantwinkel und Zeit — jede übergroße Pingeligkeit beim Plotten zur Farce machen. Eine halbe Seemeile weit kann man sehen, und genauer kann's keiner auf See garantieren, der nur einen Sextanten und einen Chronometer hat.

Das Nautische Jahrbuch des DHI

Das Nautische Jahrbuch, das vom Deutschen Hydrographischen Institut herausgegeben wird, ist anders aufgemacht als der Nautical Almanac und es schmiegt sich nicht gerade an die Inspektionstafeln der Amerikaner und Engländer an. Dieses Sträuben beginnt schon damit, daß eine Anzahl von Sternen beim DHI andere Namen haben, und daß man selber zweisprachig denken muß (was gewiß kein unüberwindliches Hindernis, dennoch aber lästiger als nötig ist). Das lästigste am Nautischen Jahrbuch ist, daß in ihm die Höhenberichtigungstafeln fehlen — die, mit denen der deutsche Nautiker arbeiten muß, sind in einem teuren Buch und sind umständlicher, weil nicht die für das laufende Jahr von Amerikanern und Engländern in ihrem Almanach bereits einkalkulierten Werte der Planeten- und Mondparallaxen in solchen Dauertafeln für die Höhenbeschickung eingebaut sein können.
Das Nautische Jahrbuch widmet jedem Kalendertag eine Seite, bringt deshalb aber nicht mehr Information, sondern weniger als der Almanac. Es fehlen die Dämmerungszeiten, Sternwinkel der Planeten, und die Fixsterne sind nicht mit ihren Namen, die man kennt, aufgeführt, sondern mit Nummern, die kein Mensch je behalten kann. Die Zeitgleichung *(Equation of Time)* steht nicht auf den Tagesseiten, sondern vorne im Buch, was aber nicht wichtig ist. Die Transitzeiten (T) (gleichbedeutend mit *„Mer. Pass."* im Nautical Almanac) stehen in den Spalten von Sonne, Mond, Aries (Frühlp.) usw. In den Schalttafeln für den Zuwachs zwischen den vollen Stunden GMT, sind *v and d correction,* die hier beide als „Unt." (Unterschied) bezeichnet sind, nicht so weit aufgegliedert wie im Almanac, so daß man interpolieren muß, was meist über den Daumen geschieht.

Außerdem sind diese Schalttafeln im Nautischen Jahrbuch grün. Die Horizontalparallaxe (HP) für den Mond ist nicht, wie im Almanac für jede Stunde angegeben, sondern nur für alle 8 h unten am Fuß der Spalte.

Übersetzungen

Nachdem du dich hier, das Lernen zur besprochenen Inspektionstafel A. P. 3270, beziehungsweise H. O. 249, durchaus erleichternd, an die englischen Bezeichnungen gewöhnt hast, mußt du dich mit den dafür im Nautischen Jahrbuch verwendeten deutschen (eingedeutschten) Bezeichnungen bekannt machen.

GMT = MGZ, mittlere Greenwich-Zeit
GHA = Grw. Stw., Greenwicher Stundenwinkel (tGrw)
SHA = Sternwinkel (β)
Dec = Abw., Abweichung (δ)
LHA = t, Ortsstundenwinkel

In den Erklärungen vorne im Nautischen Jahrbuch, die du nach Mary Blewitts Lektion sogar nach einigem Nachdenken verstehen wirst, kommen noch die Bezeichnungen $t_ö$ und t_w vor — der westliche und der östliche Ortsstundenwinkel (von Mary Blewitt als „Winkel am Pol" des nautischen Dreiecks bereits vorgestellt). Diese Winkel braucht man nur bei der rein rechnerischen Lösung.
Vielleicht müssen wir auch noch darauf hinweisen, daß deutsche Nautiker die Breite gewöhnlich mit φ (phi) und die Länge mit λ (lambda) abkürzen. Nachdem du dieses weißt, kannst du auch mit dem Nautischen Jahrbuch arbeiten. Bei den Tafeln H. O. 214 und H. O. 229 unumschränkt. Für die hier zugrundegelegten Luftfahrttafeln mußt du zum Nautischen Jahrbuch noch ein Verzeichnis der von Deutschen und Angelsachsen unterschiedlich bezeichneten Fixsterne verlangen, sonst kommst du mit Vol. I hier und da zu Blocks, d. h. nicht weiter.

DIE YACHT / -pp

Anhang

1971 JULY 15, 16, 17 (THURS., FRI., SAT.)

G.M.T.		ARIES	VENUS −3·4		MARS −2·1		JUPITER −1·9		SATURN +0·4	
		G.H.A.	G.H.A.	Dec.	G.H.A.	Dec.	G.H.A.	Dec.	G.H.A.	Dec.
d	h	° ′	° ′	° ′	° ′	° ′	° ′	° ′	° ′	° ′
15	00	292 11·7	191 25·7	N23 14·3	325 59·5	S19 38·8	57 32·9	S18 36·9	230 55·9	N18 52·2
	01	307 14·2	206 24·8	14·2	341 02·0	39·0	72 35·4	36·9	245 58·1	52·2
	02	322 16·6	221 24·0	14·0	356 04·6	39·2	87 37·9	36·9	261 00·3	52·3
	03	337 19·1	236 23·1	.. 13·9	11 07·1	.. 39·4	102 40·5	.. 36·9	276 02·5	.. 52·3
	04	352 21·6	251 22·2	13·8	26 09·6	39·6	117 43·0	36·9	291 04·7	52·3
	05	7 24·0	266 21·4	13·6	41 12·2	39·8	132 45·6	36·9	306 06·9	52·4
	06	22 26·5	281 20·5	N23 13·5	56 14·7	S19 40·0	147 48·1	S18 36·9	321 09·1	N18 52·4
T	07	37 29·0	296 19·6	13·4	71 17·2	40·2	162 50·7	36·9	336 11·3	52·5
H	08	52 31·4	311 18·8	13·2	86 19·8	40·4	177 53·2	36·8	351 13·6	52·5
U	09	67 33·9	326 17·9	.. 13·1	101 22·3	.. 40·6	192 55·7	.. 36·8	6 15·8	.. 52·6
R	10	82 36·3	341 17·0	13·0	116 24·8	40·8	207 58·3	36·8	21 18·0	52·6
S	11	97 38·8	356 16·2	12·8	131 27·4	41·0	223 00·8	36·8	36 20·2	52·6
D	12	112 41·3	11 15·3	N23 12·7	146 29·9	S19 41·2	238 03·4	S18 36·8	51 22·4	N18 52·7
A	13	127 43·7	26 14·4	12·5	161 32·5	41·4	253 05·9	36·8	66 24·6	52·7
Y	14	142 46·2	41 13·6	12·4	176 35·0	41·6	268 08·4	36·8	81 26·8	52·8
	15	157 48·7	56 12·7	.. 12·3	191 37·6	.. 41·8	283 11·0	.. 36·8	96 29·0	.. 52·8
	16	172 51·1	71 11·8	12·1	206 40·1	42·0	298 13·5	36·8	111 31·2	52·9
	17	187 53·6	86 11·0	12·0	221 42·6	42·2	313 16·0	36·8	126 33·4	52·9
	18	202 56·1	101 10·1	N23 11·8	236 45·2	S19 42·4	328 18·6	S18 36·8	141 35·6	N18 52·9
	19	217 58·5	116 09·2	11·7	251 47·7	42·6	343 21·1	36·8	156 37·8	53·0
	20	233 01·0	131 08·4	11·5	266 50·3	42·8	358 23·7	36·8	171 40·0	53·0
	21	248 03·5	146 07·5	.. 11·4	281 52·9	.. 43·0	13 26·2	.. 36·8	186 42·2	.. 53·1
	22	263 05·9	161 06·6	11·2	296 55·4	43·2	28 28·7	36·8	201 44·4	53·1
	23	278 08·4	176 05·8	11·1	311 58·0	43·4	43 31·3	36·7	216 46·7	53·2
16	00	293 10·8	191 04·9	N23 10·9	327 00·5	S19 43·6	58 33·8	S18 36·7	231 48·9	N18 53·2
	01	308 13·3	206 04·0	10·8	342 03·1	43·8	73 36·3	36·7	246 51·1	53·2
	02	323 15·8	221 03·2	10·6	357 05·6	44·0	88 38·9	36·7	261 53·3	53·3
	03	338 18·2	236 02·3	.. 10·4	12 08·2	.. 44·2	103 41·4	.. 36·7	276 55·5	.. 53·3
	04	353 20·7	251 01·4	10·3	27 10·8	44·4	118 43·9	36·7	291 57·7	53·4
	05	8 23·2	266 00·6	10·1	42 13·3	44·6	133 46·5	36·7	306 59·9	53·4
	06	23 25·6	280 59·7	N23 10·0	57 15·9	S19 44·8	148 49·0	S18 36·7	322 02·1	N18 53·5
	07	38 28·1	295 58·9	09·8	72 18·5	45·0	163 51·5	36·7	337 04·3	53·5
	08	53 30·6	310 58·0	09·6	87 21·0	45·3	178 54·1	36·7	352 06·5	53·5
F	09	68 33·0	325 57·1	.. 09·5	102 23·6	.. 45·5	193 56·6	.. 36·7	7 08·7	.. 53·6
R	10	83 35·5	340 56·3	09·3	117 26·2	45·7	208 59·1	36·7	22 10·9	53·6
I	11	98 38·0	355 55·4	09·1	132 28·7	45·9	224 01·7	36·7	37 13·1	53·7
D	12	113 40·4	10 54·5	N23 09·0	147 31·3	S19 46·1	239 04·2	S18 36·7	52 15·4	N18 53·7
A	13	128 42·9	25 53·7	08·8	162 33·9	46·3	254 06·7	36·7	67 17·6	53·8
Y	14	143 45·3	40 52·8	08·6	177 36·5	46·5	269 09·3	36·7	82 19·8	53·8
	15	158 47·8	55 51·9	.. 08·4	192 39·1	.. 46·7	284 11·8	.. 36·7	97 22·0	.. 53·8
	16	173 50·3	70 51·1	08·3	207 41·6	46·9	299 14·3	36·7	112 24·2	53·9
	17	188 52·7	85 50·2	08·1	222 44·2	47·1	314 16·9	36·7	127 26·4	53·9
	18	203 55·2	100 49·4	N23 07·9	237 46·8	S19 47·4	329 19·4	S18 36·7	142 28·6	N18 54·0
	19	218 57·7	115 48·5	07·7	252 49·4	47·6	344 21·9	36·6	157 30·8	54·0
	20	234 00·1	130 47·6	07·6	267 52·0	47·8	359 24·4	36·6	172 33·0	54·1
	21	249 02·6	145 46·8	.. 07·4	282 54·6	.. 48·0	14 27·0	.. 36·6	187 35·2	.. 54·1
	22	264 05·1	160 45·9	07·2	297 57·1	48·2	29 29·5	36·6	202 37·5	54·1
	23	279 07·5	175 45·0	07·0	312 59·7	48·4	44 32·0	36·6	217 39·7	54·2
17	00	294 10·0	190 44·2	N23 06·8	328 02·3	S19 48·6	59 34·6	S18 36·6	232 41·9	N18 54·2
	01	309 12·5	205 43·3	06·7	343 04·9	48·8	74 37·1	36·6	247 44·1	54·3
	02	324 14·9	220 42·5	06·5	358 07·5	49·1	89 39·6	36·6	262 46·3	54·3
	03	339 17·4	235 41·6	.. 06·3	13 10·1	.. 49·3	104 42·1	.. 36·6	277 48·5	.. 54·4
	04	354 19·8	250 40·7	06·1	28 12·7	49·5	119 44·7	36·6	292 50·7	54·4
	05	9 22·3	265 39·9	05·9	43 15·3	49·7	134 47·2	36·6	307 52·9	54·4
	06	24 24·8	280 39·0	N23 05·7	58 17·9	S19 49·9	149 49·7	S18 36·6	322 55·1	N18 54·5
	07	39 27·2	295 38·1	05·5	73 20·5	50·1	164 52·2	36·6	337 57·3	54·5
S	08	54 29·7	310 37·3	05·3	88 23·1	50·3	179 54·8	36·6	352 59·6	54·6
A	09	69 32·2	325 36·4	.. 05·1	103 25·7	.. 50·6	194 57·3	.. 36·6	8 01·8	.. 54·6
T	10	84 34·6	340 35·6	04·9	118 28·3	50·8	209 59·8	36·6	23 04·0	54·7
U	11	99 37·1	355 34·7	04·8	133 30·9	51·0	225 02·3	36·6	38 06·2	54·7
R	12	114 39·6	10 33·8	N23 04·6	148 33·5	S19 51·2	240 04·9	S18 36·6	53 08·4	N18 54·7
D	13	129 42·0	25 33·0	04·4	163 36·1	51·4	255 07·4	36·6	68 10·6	54·8
A	14	144 44·5	40 32·1	04·2	178 38·7	51·6	270 09·9	36·6	83 12·8	54·8
Y	15	159 46·9	55 31·2	.. 04·0	193 41·3	.. 51·9	285 12·4	.. 36·6	98 15·0	.. 54·9
	16	174 49·4	70 30·4	03·8	208 44·0	52·1	300 15·0	36·6	113 17·2	54·9
	17	189 51·9	85 29·5	03·5	223 46·6	52·3	315 17·5	36·6	128 19·5	54·9
	18	204 54·3	100 28·7	N23 03·3	238 49·2	S19 52·5	330 20·0	S18 36·6	143 21·7	N18 55·0
	19	219 56·8	115 27·8	03·1	253 51·8	52·7	345 22·5	36·6	158 23·9	55·0
	20	234 59·3	130 26·9	02·9	268 54·4	53·0	0 25·0	36·6	173 26·1	55·1
	21	250 01·7	145 26·1	.. 02·7	283 57·0	.. 53·2	15 27·6	.. 36·6	188 28·3	.. 55·1
	22	265 04·2	160 25·2	02·5	298 59·7	53·4	30 30·1	36·6	203 30·5	55·2
	23	280 06·7	175 24·4	02·3	314 02·3	53·6	45 32·6	36·6	218 32·7	55·2
Mer. Pass.		h m 4 26·5	v −0·9	d 0·2	v 2·6	d 0·2	v 2·5	d 0·0	v 2·2	d 0·0

STARS Name	S.H.A.	Dec.
	° ′	° ′
Acamar	315 42·2	S 40 24·7
Achernar	335 49·9	S 57 22·4
Acrux	173 45·1	S 62 56·9
Adhara	255 37·7	S 28 55·8
Aldebaran	291 25·8	N 16 27·3
Alioth	166 48·1	N 56 07·0
Alkaid	153 23·4	N 49 27·5
Al Na'ir	28 22·6	S 47 05·8
Alnilam	276 18·6	S 1 13·0
Alphard	218 27·3	S 8 32·0
Alphecca	126 37·4	N 26 48·6
Alpheratz	358 16·1	N 28 56·0
Altair	62 38·6	N 8 47·5
Ankaa	353 46·4	S 42 27·3
Antares	113 04·7	S 26 22·4
Arcturus	146 24·3	N 19 19·8
Atria	108 34·4	S 68 59·0
Avior	234 31·7	S 59 25·1
Bellatrix	279 06·1	N 6 19·7
Betelgeuse	271 35·7	N 7 24·3
Canopus	264 10·7	S 52 40·6
Capella	281 21·4	N 45 58·3
Deneb	49 52·6	N 45 10·6
Denebola	183 05·8	N 14 43·9
Diphda	349 27·3	S 18 08·3
Dubhe	194 30·2	N 61 54·5
Elnath	278 52·7	N 28 35·2
Eltanin	91 00·3	N 51 29·5
Enif	34 17·7	N 9 44·7
Fomalhaut	15 58·3	S 29 46·2
Gacrux	172 36·5	S 56 57·6
Gienah	176 24·9	S 17 23·2
Hadar	149 32·8	S 60 14·6
Hamal	328 36·4	N 23 19·8
Kaus Aust.	84 25·1	S 34 24·1
Kochab	137 17·8	N 74 16·5
Markab	14 09·5	N 15 03·1
Menkar	314 48·1	N 3 58·9
Menkent	148 44·8	S 36 14·1
Miaplacidus	221 47·6	S 69 36·1
Mirfak	309 25·8	N 49 45·6
Nunki	76 36·9	S 26 20·1
Peacock	54 07·9	S 56 49·6
Pollux	244 06·5	N 28 05·9
Procyon	245 33·0	N 5 18·1
Rasalhague	96 35·3	N 12 34·7
Regulus	208 17·2	N 12 06·5
Rigel	281 42·6	S 8 13·8
Rigil Kent.	140 34·8	S 60 43·4
Sabik	102 48·4	S 15 41·6
Schedar	350 16·6	N 56 22·7
Shaula	97 04·3	S 37 05·2
Sirius	259 01·8	S 16 40·4
Spica	159 04·5	S 11 00·9
Suhail	223 16·1	S 43 19·1
Vega	80 59·9	N 38 45·4
Zuben'ubi	137 40·2	S 15 55·6

	S.H.A.	Mer. Pass.
	° ′	h m
Venus	257 54·1	11 16
Mars	33 49·7	2 12
Jupiter	125 23·0	20 02
Saturn	298 38·0	8 31

Anhang A (Fortsetzung)

1971 JULY 15, 16, 17 (THURS., FRI., SAT.)

G.M.T.	SUN G.H.A.	SUN Dec.	MOON G.H.A.	v	MOON Dec.	d	H.P.
d h	° ′	° ′	° ′	′	° ′	′	′
15 00	178 33·4	N21 40·0	276 46·8	10·7	N11 40·9	14·9	59·3
01	193 33·4	39·6	291 16·5	10·6	11 55·8	14·9	59·3
02	208 33·3	39·3	305 46·1	10·6	12 10·7	14·7	59·3
03	223 33·2	.. 38·9	320 15·7	10·5	12 25·4	14·7	59·2
04	238 33·2	38·5	334 45·2	10·4	12 40·1	14·6	59·2
05	253 33·1	38·1	349 14·6	10·4	12 54·7	14·5	59·2
06	268 33·0	N21 37·7	3 44·0	10·4	N13 09·2	14·5	59·2
T 07	283 33·0	37·3	18 13·4	10·2	13 23·7	14·4	59·2
H 08	298 32·9	37·0	32 42·6	10·3	13 38·1	14·3	59·2
U 09	313 32·8	.. 36·6	47 11·9	10·2	13 52·4	14·2	59·2
R 10	328 32·8	36·2	61 41·1	10·1	14 06·6	14·2	59·2
S 11	343 32·7	35·8	76 10·2	10·1	14 20·8	14·0	59·2
D 12	358 32·6	N21 35·4	90 39·3	10·0	N14 34·8	14·0	59·1
A 13	13 32·6	35·0	105 08·3	9·9	14 48·8	13·9	59·1
Y 14	28 32·5	34·6	119 37·2	9·9	15 02·7	13·8	59·1
15	43 32·4	.. 34·2	134 06·1	9·9	15 16·5	13·7	59·1
16	58 32·4	33·9	148 35·0	9·8	15 30·2	13·6	59·1
17	73 32·3	33·5	163 03·8	9·7	15 43·8	13·5	59·1
18	88 32·2	N21 33·1	177 32·5	9·6	N15 57·3	13·5	59·1
19	103 32·2	32·7	192 01·1	9·6	16 10·8	13·3	59·1
20	118 32·1	32·3	206 29·7	9·5	16 24·1	13·3	59·0
21	133 32·0	.. 31·9	220 58·2	9·5	16 37·4	13·1	59·0
22	148 32·0	31·5	235 26·7	9·4	16 50·5	13·0	59·0
23	163 31·9	31·1	249 55·1	9·3	17 03·5	13·0	59·0
16 00	178 31·9	N21 30·7	264 23·4	9·3	N17 16·5	12·8	59·0
01	193 31·8	30·3	278 51·7	9·2	17 29·3	12·8	59·0
02	208 31·7	29·9	293 19·9	9·1	17 42·1	12·6	59·0
03	223 31·7	.. 29·5	307 48·0	9·1	17 54·7	12·6	58·9
04	238 31·6	29·1	322 16·1	9·0	18 07·3	12·4	58·9
05	253 31·5	28·7	336 44·1	9·0	18 19·7	12·3	58·9
06	268 31·5	N21 28·3	351 12·1	8·8	N18 32·0	12·2	58·9
07	283 31·4	27·9	5 39·9	8·8	18 44·2	12·1	58·9
08	298 31·4	27·5	20 07·7	8·8	18 56·3	12·0	58·9
F 09	313 31·3	.. 27·1	34 35·5	8·6	19 08·3	11·8	58·9
R 10	328 31·2	26·7	49 03·1	8·6	19 20·1	11·8	58·9
I 11	343 31·2	26·3	63 30·7	8·6	19 31·9	11·6	58·8
D 12	358 31·1	N21 25·9	77 58·3	8·4	N19 43·5	11·5	58·8
A 13	13 31·0	25·5	92 25·7	8·4	19 55·0	11·4	58·8
Y 14	28 31·0	25·1	106 53·1	8·3	20 06·4	11·3	58·8
15	43 30·9	.. 24·7	121 20·4	8·3	20 17·7	11·2	58·8
16	58 30·9	24·3	135 47·7	8·2	20 28·9	11·0	58·8
17	73 30·8	23·9	150 14·9	8·1	20 39·9	10·9	58·7
18	88 30·7	N21 23·5	164 42·0	8·1	N20 50·8	10·8	58·7
19	103 30·7	23·1	179 09·1	7·9	21 01·6	10·6	58·7
20	118 30·6	22·7	193 36·0	7·9	21 12·2	10·6	58·7
21	133 30·6	.. 22·3	208 02·9	7·9	21 22·8	10·3	58·7
22	148 30·5	21·9	222 29·8	7·8	21 33·1	10·3	58·7
23	163 30·4	21·4	236 56·6	7·7	21 43·4	10·1	58·7
17 00	178 30·4	N21 21·0	251 23·3	7·6	N21 53·5	10·0	58·6
01	193 30·3	20·6	265 49·9	7·6	22 03·5	9·9	58·6
02	208 30·3	20·2	280 16·5	7·5	22 13·4	9·7	58·6
03	223 30·2	.. 19·8	294 43·0	7·4	22 23·1	9·6	58·6
04	238 30·2	19·4	309 09·4	7·4	22 32·7	9·4	58·6
05	253 30·1	19·0	323 35·8	7·3	22 42·1	9·4	58·6
06	268 30·0	N21 18·6	338 02·1	7·3	N22 51·5	9·1	58·5
S 07	283 30·0	18·1	352 28·4	7·2	23 00·6	9·0	58·5
A 08	298 29·9	17·7	6 54·6	7·1	23 09·6	8·9	58·5
T 09	313 29·9	.. 17·3	21 20·7	7·1	23 18·5	8·8	58·5
U 10	328 29·8	16·9	35 46·8	7·0	23 27·3	8·6	58·5
R 11	343 29·8	16·5	50 12·8	6·9	23 35·9	8·4	58·5
D 12	358 29·7	N21 16·1	64 38·7	6·9	N23 44·3	8·3	58·4
A 13	13 29·6	15·6	79 04·6	6·8	23 52·6	8·1	58·4
Y 14	28 29·6	15·2	93 30·4	6·7	24 00·7	8·0	58·4
15	43 29·5	.. 14·8	107 56·1	6·8	24 08·7	7·9	58·4
16	58 29·5	14·4	122 21·9	6·6	24 16·6	7·7	58·4
17	73 29·4	14·0	136 47·5	6·6	24 24·3	7·5	58·4
18	88 29·4	N21 13·5	151 13·1	6·5	N24 31·8	7·4	58·3
19	103 29·3	13·1	165 38·6	6·5	24 39·2	7·3	58·3
20	118 29·3	12·7	180 04·1	6·4	24 46·5	7·0	58·3
21	133 29·2	.. 12·3	194 29·5	6·4	24 53·5	7·0	58·3
22	148 29·2	11·8	208 54·9	6·4	25 00·5	6·7	58·3
23	163 29·1	11·4	223 20·3	6·2	25 07·2	6·7	58·3
	S.D. 15·8	d 0·4	S.D. 16·1		16·0		15·9

Lat.	Twilight Naut.	Twilight Civil	Sunrise	Moonrise 15	Moonrise 16	Moonrise 17	Moonrise 18
°	h m	h m	h m	h m	h m	h m	h m
N 72	□	□	□	19 59	□	□	□
N 70	□	□	□	20 40	□	□	□
68	□	□	□	21 08	20 15	□	□
66	////	////	01 36	21 29	21 05	□	□
64	////	////	02 16	21 47	21 36	21 18	□
62	////	00 51	02 43	22 01	22 00	22 02	22 13
60	////	01 45	03 04	22 13	22 19	22 31	22 57
N 58	////	02 16	03 21	22 24	22 35	22 54	23 27
56	00 47	02 39	03 35	22 33	22 49	23 12	23 50
54	01 37	02 57	03 47	22 41	23 00	23 28	24 08
52	02 05	03 12	03 58	22 49	23 11	23 41	24 24
50	02 27	03 25	04 08	22 55	23 20	23 53	24 38
45	03 05	03 52	04 28	23 10	23 40	24 18	00 18
N 40	03 32	04 12	04 44	23 22	23 56	24 38	00 38
35	03 53	04 28	04 57	23 32	24 10	00 10	00 54
30	04 10	04 42	05 09	23 41	24 22	00 22	01 09
20	04 36	05 05	05 29	23 57	24 43	00 43	01 33
N 10	04 57	05 24	05 46	24 11	00 11	01 01	01 55
0	05 14	05 40	06 02	24 24	00 24	01 18	02 15
S 10	05 30	05 56	06 18	24 37	00 37	01 35	02 35
20	05 44	06 11	06 35	24 51	00 51	01 54	02 57
30	05 59	06 28	06 54	00 01	01 08	02 15	03 22
35	06 07	06 38	07 05	00 07	01 17	02 27	03 37
40	06 15	06 48	07 18	00 14	01 28	02 42	03 54
45	06 24	07 00	07 33	00 23	01 41	02 59	04 15
S 50	06 34	07 14	07 51	00 33	01 57	03 21	04 41
52	06 38	07 21	08 00	00 37	02 04	03 31	04 54
54	06 43	07 28	08 10	00 43	02 13	03 43	05 09
56	06 48	07 36	08 21	00 48	02 22	03 57	05 26
58	06 54	07 45	08 33	00 55	02 33	04 12	05 47
S 60	07 00	07 54	08 48	01 02	02 45	04 31	06 14

Lat.	Sunset	Twilight Civil	Twilight Naut.	Moonset 15	Moonset 16	Moonset 17	Moonset 18
°	h m	h m	h m	h m	h m	h m	h m
N 72	□	□	□	15 56	□	□	□
N 70	□	□	□	15 17	□	□	□
68	□	□	□	14 51	17 35	□	□
66	22 32	////	////	14 31	16 46	□	□
64	21 54	////	////	14 15	16 16	18 32	□
62	21 27	23 14	////	14 02	15 53	17 48	19 39
60	21 07	22 24	////	13 50	15 35	17 19	18 55
N 58	20 50	21 54	////	13 41	15 20	16 57	18 26
56	20 36	21 31	23 19	13 33	15 07	16 39	18 03
54	20 24	21 13	22 33	13 25	14 56	16 24	17 45
52	20 13	20 58	22 05	13 19	14 46	16 11	17 29
50	20 04	20 45	21 44	13 13	14 37	15 59	17 15
45	19 44	20 20	21 06	13 00	14 18	15 36	16 48
N 40	19 28	19 59	20 39	12 49	14 03	15 17	16 26
35	19 14	19 43	20 19	12 40	13 51	15 01	16 08
30	19 02	19 29	20 02	12 33	13 40	14 47	15 53
20	18 43	19 07	19 35	12 19	13 21	14 24	15 26
N 10	18 26	18 48	19 15	12 08	13 04	14 04	15 04
0	18 10	18 32	18 58	11 57	12 49	13 45	14 43
S 10	17 54	18 16	18 42	11 46	12 34	13 26	14 22
20	17 37	18 01	18 28	11 34	12 18	13 06	13 59
30	17 18	17 44	18 13	11 21	12 00	12 43	13 33
35	17 07	17 34	18 06	11 14	11 49	12 30	13 18
40	16 54	17 24	17 57	11 05	11 37	12 14	13 00
45	16 39	17 12	17 48	10 55	11 22	11 56	12 38
S 50	16 21	16 58	17 38	10 43	11 05	11 33	12 11
52	16 12	16 51	17 34	10 38	10 57	11 22	11 58
54	16 02	16 44	17 29	10 31	10 48	11 10	11 43
56	15 51	16 36	17 24	10 25	10 37	10 56	11 26
58	15 39	16 28	17 18	10 17	10 26	10 40	11 04
S 60	15 24	16 18	17 12	10 09	10 13	10 20	10 37

Day	SUN Eqn. of Time 00ʰ	SUN Eqn. of Time 12ʰ	SUN Mer. Pass.	MOON Mer. Pass. Upper	MOON Mer. Pass. Lower	Age	Phase
	m s	m s	h m	h m	h m	d	
15	05 46	05 49	12 06	05 45	18 10	23	
16	05 52	05 55	12 06	06 36	19 04	24	
17	05 58	06 01	12 06	07 31	20 00	25	

Anhang B

1971 DECEMBER 6, 7, 8 (MON., TUES., WED.)

G.M.T.	ARIES	VENUS −3·4		MARS +0·1		JUPITER −1·3		SATURN −0·2	
	G.H.A.	G.H.A.	Dec.	G.H.A.	Dec.	G.H.A.	Dec.	G.H.A.	Dec.
d h	° ′	° ′	° ′	° ′	° ′	° ′	° ′	° ′	° ′
6 00	74 07·7	154 42·4	S24 34·3	85 47·2	S 5 58·2	178 45·3	S22 19·8	13 33·3	N18 30·8
01	89 10·2	169 41·4	34·2	100 48·2	57·5	193 47·1	19·8	28 36·0	30·8
02	104 12·6	184 40·5	34·1	115 49·3	56·8	208 49·0	19·9	43 38·6	30·7
03	119 15·1	199 39·6	· · 33·9	130 50·4	· 56·2	223 50·8	· · 19·9	58 41·3	· · 30·7
04	134 17·6	214 38·6	33·8	145 51·5	55·5	238 52·7	20·0	73 44·0	30·7
05	149 20·0	229 37·7	33·7	160 52·6	54·8	253 54·5	20·1	88 46·7	30·6
06	164 22·5	244 36·7	S24 33·5	175 53·6	S 5 54·2	268 56·4	S22 20·1	103 49·3	N18 30·6
07	179 25·0	259 35·8	33·4	190 54·7	53·5	283 58·3	20·2	118 52·0	30·6
08	194 27·4	274 34·8	33·2	205 55·8	52·8	299 00·1	20·3	133 54·7	30·5
M 09	209 29·9	289 33·9	· · 33·1	220 56·9	· · 52·1	314 02·0	· · 20·3	148 57·3	· · 30·5
O 10	224 32·3	304 32·9	33·0	235 57·9	51·5	329 03·8	20·4	164 00·0	30·5
N 11	239 34·8	319 32·0	32·8	250 59·0	50·8	344 05·7	20·4	179 02·7	30·4
D 12	254 37·3	334 31·0	S24 32·7	266 00·1	S 5 50·1	359 07·5	S22 20·5	194 05·3	N18 30·4
A 13	269 39·7	349 30·1	32·5	281 01·2	49·4	14 09·4	20·6	209 08·0	30·4
Y 14	284 42·2	4 29·1	32·4	296 02·3	48·8	29 11·3	20·6	224 10·7	30·3
15	299 44·7	19 28·2	· · 32·2	311 03·3	· · 48·1	44 13·1	· · 20·7	239 13·4	· · 30·3
16	314 47·1	34 27·2	32·1	326 04·4	47·4	59 15·0	20·7	254 16·0	30·3
17	329 49·6	49 26·3	31·9	341 05·5	46·7	74 16·8	20·8	269 18·7	30·2
18	344 52·1	64 25·3	S24 31·8	356 06·6	S 5 46·1	89 18·7	S22 20·9	284 21·4	N18 30·2
19	359 54·5	79 24·4	31·6	11 07·6	45·4	104 20·5	20·9	299 24·0	30·2
20	14 57·0	94 23·4	31·5	26 08·7	44·7	119 22·4	21·0	314 26·7	30·1
21	29 59·5	109 22·5	· · 31·3	41 09·8	· · 44·0	134 24·2	· · 21·0	329 29·4	· · 30·1
22	45 01·9	124 21·6	31·1	56 10·9	43·4	149 26·1	21·1	344 32·1	30·1
23	60 04·4	139 20·6	31·0	71 11·9	42·7	164 28·0	21·1	359 34·7	30·0
7 00	75 06·8	154 19·7	S24 30·8	86 13·0	S 5 42·0	179 29·8	S22 21·2	14 37·4	N18 30·0
01	90 09·3	169 18·7	30·7	101 14·1	41·4	194 31·7	21·3	29 40·1	30·0
02	105 11·8	184 17·8	30·5	116 15·2	40·7	209 33·5	21·3	44 42·7	29·9
03	120 14·2	199 16·8	· · 30·3	131 16·2	· · 40·0	224 35·4	· · 21·4	59 45·4	· · 29·9
04	135 16·7	214 15·9	30·2	146 17·8	39·3	239 37·2	21·4	74 48·1	29·9
05	150 19·2	229 14·9	30·0	161 18·4	38·7	254 39·1	21·5	89 50·7	29·8
06	165 21·6	244 14·0	S24 29·8	176 19·5	S 5 38·0	269 40·9	S22 21·6	104 53·4	N18 29·8
07	180 24·1	259 13·0	29·7	191 20·5	37·3	284 42·8	21·6	119 56·1	29·8
T 08	195 26·6	274 12·1	29·5	206 21·6	36·6	299 44·7	21·7	134 58·7	29·7
U 09	210 29·0	289 11·2	· · 29·3	221 22·7	· · 36·0	314 46·5	· · 21·7	150 01·4	· · 29·7
E 10	225 31·5	304 10·2	29·1	236 23·8	35·3	329 48·4	21·8	165 04·1	29·7
S 11	240 34·0	319 09·3	29·0	251 24·8	34·6	344 50·2	21·9	180 06·8	29·6
D 12	255 36·4	334 08·3	S24 28·8	266 25·9	S 5 33·9	359 52·1	S22 21·9	195 09·4	N18 29·6
A 13	270 38·9	349 07·4	28·6	281 27·0	33·3	14 53·9	22·0	210 12·1	29·6
Y 14	285 41·3	4 06·4	28·4	296 28·1	32·6	29 55·8	22·0	225 14·8	29·5
15	300 43·8	19 05·5	· · 28·2	311 29·1	· · 31·9	44 57·6	· · 22·1	240 17·4	· · 29·5
16	315 46·3	34 04·6	28·1	326 30·2	31·2	59 59·5	22·2	255 20·1	29·5
17	330 48·7	49 03·6	27·9	341 31·3	30·5	75 01·4	22·2	270 22·8	29·4
18	345 51·2	64 02·7	S24 27·7	356 32·4	S 5 29·9	90 03·2	S22 22·3	285 25·4	N18 29·4
19	0 53·7	79 01·7	27·5	11 33·4	29·2	105 05·1	22·3	300 28·1	29·4
20	15 56·1	94 00·8	27·3	26 34·5	28·5	120 06·9	22·4	315 30·8	29·3
21	30 58·6	108 59·8	· · 27·1	41 35·6	· · 27·8	135 08·8	· · 22·5	330 33·4	· · 29·3
22	46 01·1	123 58·9	26·9	56 36·6	27·2	150 10·6	22·5	345 36·1	29·3
23	61 03·5	138 58·0	26·8	71 37·7	26·5	165 12·5	22·6	0 38·8	29·2
8 00	76 06·0	153 57·0	S24 26·6	86 38·8	S 5 25·8	180 14·3	S22 22·6	15 41·5	N18 29·2
01	91 08·4	168 56·1	26·4	101 39·9	25·1	195 16·2	22·7	30 44·1	29·2
02	106 10·9	183 55·1	26·2	116 40·9	24·5	210 18·1	22·7	45 46·8	29·1
03	121 13·4	198 54·2	· · 26·0	131 42·0	· · 23·8	225 19·9	· · 22·8	60 49·5	· · 29·1
04	136 15·8	213 53·3	25·8	146 43·1	23·1	240 21·8	22·9	75 52·1	29·1
05	151 18·3	228 52·3	25·6	161 44·1	22·4	255 23·6	22·9	90 54·8	29·0
06	166 20·8	243 51·4	S24 25·4	176 45·2	S 5 21·8	270 25·5	S22 23·0	105 57·5	N18 29·0
W 07	181 23·2	258 50·4	25·2	191 46·3	21·1	285 27·3	23·0	121 00·1	29·0
E 08	196 25·7	273 49·5	25·0	206 47·4	20·4	300 29·2	23·1	136 02·8	28·9
D 09	211 28·2	288 48·6	· · 24·8	221 48·4	· · 19·7	315 31·0	· · 23·2	151 05·5	· · 28·9
N 10	226 30·6	303 47·6	24·6	236 49·5	19·0	330 32·9	23·2	166 08·1	28·9
E 11	241 33·1	318 46·7	24·4	251 50·6	18·4	345 34·8	23·3	181 10·8	28·8
S 12	256 35·6	333 45·8	S24 24·2	266 51·6	S 5 17·7	0 36·6	S22 23·3	196 13·5	N18 28·8
D 13	271 38·0	348 44·8	23·9	281 52·7	17·0	15 38·5	23·4	211 16·1	28·8
A 14	286 40·5	3 43·9	23·7	296 53·8	16·3	30 40·3	23·4	226 18·8	28·7
Y 15	301 42·9	18 42·9	· · 23·5	311 54·8	· · 15·7	45 42·2	· · 23·5	241 21·5	· · 28·7
16	316 45·4	33 42·0	23·3	326 55·9	15·0	60 44·0	23·6	256 24·1	28·7
17	331 47·9	48 41·1	23·1	341 57·0	14·3	75 45·9	23·6	271 26·8	28·6
18	346 50·3	63 40·1	S24 22·9	356 58·1	S 5 13·6	90 47·7	S22 23·7	286 29·5	N18 28·6
19	1 52·8	78 39·2	22·7	11 59·1	13·0	105 49·6	23·7	301 32·1	28·6
20	16 55·3	93 38·2	22·4	27 00·2	12·3	120 51·5	23·8	316 34·8	28·5
21	31 57·7	108 37·3	· · 22·2	42 01·3	· · 11·6	135 53·3	· · 23·8	331 37·5	· · 28·5
22	47 00·2	123 36·4	22·0	57 02·3	10·9	150 55·2	23·9	346 40·1	28·5
23	62 02·7	138 35·4	21·8	72 03·4	10·2	165 57·0	24·0	1 42·8	28·4
Mer. Pass.	h m 18 56·4	v −0·9	d 0·2	v 1·1	d 0·7	v 1·9	d 0·1	v 2·7	d 0·0

STARS		
Name	S.H.A.	Dec.
	° ′	° ′
Acamar	315 41·5	S 40 25·0
Achernar	335 49·3	S 57 22·8
Acrux	173 44·8	S 62 56·4
Adhara	255 36·7	S 28 55·8
Aldebaran	291 24·8	N 16 27·4
Alioth	166 48·0	N 56 06·4
Alkaid	153 23·6	N 49 26·9
Al Na'ir	28 22·7	S 47 06·0
Alnilam	276 17·7	S 1 13·0
Alphard	218 26·6	S 8 32·1
Alphecca	126 37·7	N 26 48·3
Alpheratz	358 15·8	N 28 56·4
Altair	62 38·9	N 8 47·6
Ankaa	353 46·1	S 42 27·6
Antares	113 04·9	S 26 22·3
Arcturus	146 24·4	N 19 19·5
Atria	108 35·4	S 68 58·8
Avior	234 30·5	S 59 24·9
Bellatrix	279 05·1	N 6 19·7
Betelgeuse	271 34·7	N 7 24·3
Canopus	264 09·5	S 52 40·6
Capella	281 20·1	N 45 58·4
Deneb	49 53·1	N 45 11·0
Denebola	183 05·4	N 14 43·6
Diphda	349 26·9	S 18 08·4
Dubhe	194 29·5	N 61 53·8
Elnath	278 51·6	N 28 35·2
Eltanin	91 01·2	N 51 29·5
Enif	34 17·8	N 9 44·9
Fomalhaut	15 58·2	S 29 46·4
Gacrux	172 36·2	S 56 57·2
Gienah	176 24·5	S 17 23·1
Hadar	149 32·9	S 60 14·2
Hamal	328 35·8	N 23 20·1
Kaus Aust.	84 25·5	S 34 24·1
Kochab	137 19·3	N 74 15·9
Markab	14 09·4	N 15 03·4
Menkar	314 47·4	N 3 59·0
Menkent	148 44·8	S 36 13·9
Miaplacidus	221 46·2	S 69 35·8
Mirfak	309 24·7	N 49 46·0
Nunki	76 37·2	S 26 20·1
Peacock	54 08·5	S 56 49·8
Pollux	244 05·4	N 28 05·7
Procyon	245 32·0	N 5 17·9
Rasalhague	96 35·7	N 12 34·7
Regulus	208 16·5	N 12 06·2
Rigel	281 41·7	S 8 13·8
Rigil Kent.	140 35·1	S 60 43·1
Sabik	102 48·7	S 15 41·6
Schedar	350 16·1	N 56 23·4
Shaula	97 04·7	S 37 05·2
Sirius	259 00·9	S 16 40·5
Spica	159 04·3	S 11 00·9
Suhail	223 15·3	S 43 18·9
Vega	81 00·5	N 38 45·4
Zuben'ubi	137 40·3	S 15 55·6

	S.H.A.	Mer. Pass.
	° ′	h m
Venus	79 12·8	13 44
Mars	11 06·2	18 14
Jupiter	104 23·0	12 01
Saturn	299 30·5	22 57

Anhang B (Fortsetzung)

1971 DECEMBER 6, 7, 8 (MON., TUES., WED.)

G.M.T. d h	Day	SUN G.H.A. ° ′	SUN Dec. ° ′	MOON G.H.A. ° ′	v ′	MOON Dec. ° ′	d ′	H.P. ′
6 00	MONDAY	182 20·6	S22 23·3	310 50·7	9·8	N20 26·2	10·1	57·3
01		197 20·4	23·6	325 19·5	9·9	20 16·1	10·2	57·3
02		212 20·1	23·9	339 48·4	10·1	20 05·9	10·3	57·2
03		227 19·9	.. 24·2	354 17·5	10·2	19 55·6	10·4	57·2
04		242 19·6	24·5	8 46·7	10·3	19 45·2	10·5	57·2
05		257 19·3	24·8	23 16·0	10·4	19 34·7	10·6	57·1
06		272 19·1	S22 25·1	37 45·4	10·5	N19 24·1	10·7	57·1
07		287 18·8	25·5	52 14·9	10·6	19 13·4	10·7	57·0
08		302 18·6	25·8	66 44·5	10·8	19 02·7	10·8	57·0
09		317 18·3	.. 26·1	81 14·3	10·9	18 51·9	10·9	57·0
10		332 18·0	26·4	95 44·2	11·0	18 41·0	11·0	56·9
11		347 17·8	26·7	110 14·2	11·1	18 30·0	11·1	56·9
12		2 17·5	S22 27·0	124 44·3	11·2	N18 18·9	11·1	56·9
13		17 17·3	27·3	139 14·5	11·3	18 07·8	11·2	56·8
14		32 17·0	27·6	153 44·8	11·5	17 56·6	11·3	56·8
15		47 16·7	.. 27·9	168 15·3	11·5	17 45·3	11·4	56·8
16		62 16·5	28·2	182 45·8	11·7	17 33·9	11·4	56·7
17		77 16·2	28·5	197 16·5	11·7	17 22·5	11·5	56·7
18		92 15·9	S22 28·8	211 47·2	11·9	N17 11·0	11·6	56·7
19		107 15·7	29·1	226 18·1	12·0	16 59·4	11·6	56·6
20		122 15·4	29·4	240 49·1	12·1	16 47·8	11·7	56·6
21		137 15·2	.. 29·7	255 20·2	12·1	16 36·1	11·8	56·5
22		152 14·9	30·0	269 51·3	12·3	16 24·3	11·8	56·5
23		167 14·6	30·3	284 22·6	12·4	16 12·5	11·9	56·5
7 00	TUESDAY	182 14·4	S22 30·6	298 54·0	12·5	N16 00·6	11·9	56·4
01		197 14·1	30·9	313 25·5	12·6	15 48·7	12·0	56·4
02		212 13·8	31·2	327 57·1	12·7	15 36·7	12·1	56·4
03		227 13·6	.. 31·5	342 28·8	12·8	15 24·6	12·1	56·3
04		242 13·3	31·8	357 00·6	12·9	15 12·5	12·1	56·3
05		257 13·0	32·1	11 32·5	13·0	15 00·4	12·2	56·3
06		272 12·8	S22 32·4	26 04·5	13·1	N14 48·2	12·3	56·2
07		287 12·5	32·7	40 36·6	13·2	14 35·9	12·3	56·2
08		302 12·2	33·0	55 08·8	13·3	14 23·6	12·4	56·2
09		317 12·0	.. 33·3	69 41·1	13·3	14 11·2	12·4	56·1
10		332 11·7	33·6	84 13·4	13·5	13 58·8	12·5	56·1
11		347 11·4	33·9	98 45·9	13·5	13 46·3	12·5	56·1
12		2 11·2	S22 34·1	113 18·4	13·7	N13 33·8	12·5	56·0
13		17 10·9	34·4	127 51·1	13·7	13 21·3	12·6	56·0
14		32 10·6	34·7	142 23·8	13·8	13 08·7	12·6	56·0
15		47 10·4	.. 35·0	156 56·6	13·9	12 56·1	12·7	55·9
16		62 10·1	35·3	171 29·5	14·0	12 43·4	12·7	55·9
17		77 09·8	35·6	186 02·5	14·0	12 30·7	12·8	55·9
18		92 09·6	S22 35·9	200 35·5	14·2	N12 17·9	12·8	55·9
19		107 09·3	36·1	215 08·7	14·2	12 05·1	12·8	55·8
20		122 09·0	36·4	229 41·9	14·3	11 52·3	12·9	55·8
21		137 08·8	.. 36·7	244 15·2	14·4	11 39·4	12·9	55·8
22		152 08·5	37·0	258 48·6	14·5	11 26·5	12·9	55·7
23		167 08·2	37·3	273 22·1	14·5	11 13·6	12·9	55·7
8 00	WEDNESDAY	182 08·0	S22 37·5	287 55·6	14·6	N11 00·7	13·0	55·7
01		197 07·7	37·8	302 29·2	14·7	10 47·7	13·1	55·6
02		212 07·4	38·1	317 02·9	14·7	10 34·6	13·0	55·6
03		227 07·1	.. 38·4	331 36·6	14·9	10 21·6	13·1	55·6
04		242 06·9	38·7	346 10·5	14·9	10 08·5	13·1	55·6
05		257 06·6	38·9	0 44·4	14·9	9 55·4	13·1	55·5
06		272 06·3	S22 39·2	15 18·3	15·1	N 9 42·3	13·2	55·5
07		287 06·1	39·5	29 52·4	15·1	9 29·1	13·2	55·5
08		302 05·8	39·8	44 26·5	15·1	9 15·9	13·2	55·4
09		317 05·5	.. 40·0	59 00·6	15·2	9 02·7	13·2	55·4
10		332 05·2	40·3	73 34·8	15·3	8 49·5	13·3	55·4
11		347 05·0	40·6	88 09·1	15·4	8 36·2	13·2	55·4
12		2 04·7	S22 40·8	102 43·5	15·4	N 8 23·0	13·3	55·3
13		17 04·4	41·1	117 17·9	15·5	8 09·7	13·3	55·3
14		32 04·2	41·4	131 52·4	15·5	7 56·4	13·4	55·3
15		47 03·9	.. 41·6	146 26·9	15·6	7 43·0	13·3	55·3
16		62 03·6	41·9	161 01·5	15·6	7 29·7	13·4	55·2
17		77 03·3	42·2	175 36·1	15·7	7 16·3	13·4	55·2
18		92 03·1	S22 42·4	190 10·8	15·8	N 7 02·9	13·3	55·2
19		107 02·8	42·7	204 45·6	15·8	6 49·6	13·5	55·2
20		122 02·5	43·0	219 20·4	15·8	6 36·1	13·4	55·1
21		137 02·2	.. 43·2	233 55·2	15·9	6 22·7	13·4	55·1
22		152 02·0	43·5	248 30·1	15·9	6 09·3	13·5	55·1
23		167 01·7	43·8	263 05·0	16·0	5 55·8	13·4	55·1
		S.D. 16·3	*d* 0·3	S.D. 15·5		15·3		15·1

Lat. °	Twilight Naut. h m	Twilight Civil h m	Sunrise h m	Moonrise 6 h m	Moonrise 7 h m	Moonrise 8 h m	Moonrise 9 h m
N 72	08 04	10 14	■	16 59	20 02	22 11	24 07
N 70	07 46	09 27	■	18 03	20 24	22 20	24 07
68	07 32	08 57	11 12	18 38	20 40	22 27	24 07
66	07 20	08 34	10 04	19 03	20 53	22 33	24 07
64	07 10	08 16	09 29	19 23	21 04	22 38	24 07
62	07 01	08 02	09 04	19 38	21 13	22 42	24 08
60	06 53	07 49	08 45	19 51	21 21	22 46	24 08
N 58	06 46	07 38	08 29	20 02	21 28	22 50	24 08
56	06 40	07 29	08 15	20 12	21 34	22 53	24 08
54	06 34	07 20	08 03	20 21	21 40	22 55	24 08
52	06 29	07 12	07 52	20 28	21 45	22 58	24 08
50	06 24	07 05	07 43	20 35	21 49	23 00	24 08
45	06 13	06 50	07 24	20 50	21 59	23 05	24 08
N 40	06 04	06 37	07 08	21 01	22 07	23 09	24 08
35	05 55	06 26	06 54	21 12	22 13	23 12	24 09
30	05 46	06 16	06 42	21 20	22 19	23 15	24 09
20	05 31	05 58	06 22	21 36	22 29	23 20	24 09
N 10	05 15	05 41	06 04	21 49	22 38	23 25	24 09
0	04 59	05 25	05 47	22 01	22 47	23 29	24 09
S 10	04 41	05 08	05 31	22 13	22 55	23 33	24 09
20	04 19	04 48	05 12	22 26	23 04	23 38	24 10
30	03 51	04 24	04 51	22 41	23 14	23 43	24 10
35	03 34	04 10	04 39	22 50	23 19	23 46	24 10
40	03 11	03 52	04 25	23 00	23 26	23 49	24 10
45	02 43	03 31	04 07	23 11	23 33	23 53	24 10
S 50	02 01	03 03	03 46	23 25	23 42	23 57	24 11
52	01 36	02 49	03 36	23 31	23 47	23 59	24 11
54	01 01	02 32	03 24	23 38	23 51	24 02	00 02
56	////	02 12	03 11	23 46	23 56	24 04	00 04
58	////	01 46	02 56	23 55	24 02	00 02	00 07
S 60	////	01 08	02 37	24 05	00 05	00 08	00 10

Lat. °	Sunset h m	Twilight Civil h m	Twilight Naut. h m	Moonset 6 h m	Moonset 7 h m	Moonset 8 h m	Moonset 9 h m
N 72	■	13 28	15 38	14 59	13 33	12 54	12 25
N 70	■	14 14	15 55	13 53	13 09	12 43	12 21
68	12 29	14 45	16 10	13 17	12 51	12 33	12 18
66	13 37	15 07	16 22	12 51	12 36	12 25	12 15
64	14 12	15 25	16 32	12 30	12 24	12 18	12 13
62	14 38	15 40	16 41	12 14	12 14	12 13	12 11
60	14 57	15 53	16 49	12 00	12 05	12 07	12 09
N 58	15 14	16 04	16 56	11 48	11 57	12 03	12 08
56	15 27	16 13	17 02	11 37	11 50	11 59	12 06
54	15 39	16 22	17 08	11 28	11 43	11 55	12 05
52	15 50	16 30	17 13	11 20	11 38	11 52	12 04
50	15 59	16 37	17 18	11 12	11 33	11 49	12 03
45	16 19	16 52	17 29	10 56	11 21	11 42	12 01
N 40	16 35	17 05	17 39	10 43	11 12	11 37	11 59
35	16 48	17 16	17 48	10 32	11 04	11 32	11 57
30	17 00	17 26	17 56	10 22	10 57	11 27	11 56
20	17 20	17 44	18 12	10 05	10 45	11 20	11 53
N 10	17 38	18 01	18 27	09 50	10 34	11 13	11 51
0	17 55	18 17	18 43	09 36	10 23	11 07	11 48
S 10	18 12	18 35	19 02	09 21	10 13	11 01	11 46
20	18 30	18 54	19 24	09 06	10 02	10 54	11 44
30	18 51	19 19	19 51	08 48	09 49	10 46	11 41
35	19 04	19 33	20 09	08 38	09 42	10 42	11 39
40	19 18	19 51	20 32	08 26	09 33	10 37	11 38
45	19 35	20 12	21 01	08 12	09 23	10 31	11 35
S 50	19 57	20 40	21 43	07 55	09 11	10 23	11 33
52	20 07	20 55	22 08	07 46	09 05	10 20	11 32
54	20 19	21 11	22 43	07 37	08 59	10 16	11 30
56	20 32	21 32	////	07 27	08 52	10 12	11 29
58	20 48	21 58	////	07 15	08 44	10 08	11 27
S 60	21 07	22 38	////	07 01	08 35	10 03	11 26

Day	SUN Eqn. of Time 00^h m s	SUN Eqn. of Time 12^h m s	SUN Mer. Pass. h m	MOON Mer. Pass. Upper h m	MOON Mer. Pass. Lower h m	MOON Age d	Phase
6	09 23	09 11	11 51	03 24	15 49	18	◐
7	08 58	08 45	11 51	04 12	16 35	19	
8	08 32	08 19	11 52	04 57	17 18	20	

56ᵐ	SUN PLANETS	ARIES	MOON	v or d	Corrⁿ	v or d	Corrⁿ	v or d	Corrⁿ
s	° ′	° ′	° ′	′	′	′	′	′	′
00	14 00·0	14 02·3	13 21·7	0·0	0·0	6·0	5·7	12·0	11·3
01	14 00·3	14 02·6	13 22·0	0·1	0·1	6·1	5·7	12·1	11·4
02	14 00·5	14 02·8	13 22·2	0·2	0·2	6·2	5·8	12·2	11·5
03	14 00·8	14 03·1	13 22·4	0·3	0·3	6·3	5·9	12·3	11·6
04	14 01·0	14 03·3	13 22·7	0·4	0·4	6·4	6·0	12·4	11·7
05	14 01·3	14 03·6	13 22·9	0·5	0·5	6·5	6·1	12·5	11·8
06	14 01·5	14 03·8	13 23·2	0·6	0·6	6·6	6·2	12·6	11·9
07	14 01·8	14 04·1	13 23·4	0·7	0·7	6·7	6·3	12·7	12·0
08	14 02·0	14 04·3	13 23·6	0·8	0·8	6·8	6·4	12·8	12·1
09	14 02·3	14 04·6	13 23·9	0·9	0·8	6·9	6·5	12·9	12·1
10	14 02·5	14 04·8	13 24·1	1·0	0·9	7·0	6·6	13·0	12·2
11	14 02·8	14 05·1	13 24·4	1·1	1·0	7·1	6·7	13·1	12·3
12	14 03·0	14 05·3	13 24·6	1·2	1·1	7·2	6·8	13·2	12·4
13	14 03·3	14 05·6	13 24·8	1·3	1·2	7·3	6·9	13·3	12·5
14	14 03·5	14 05·8	13 25·1	1·4	1·3	7·4	7·0	13·4	12·6
15	14 03·8	14 06·1	13 25·3	1·5	1·4	7·5	7·1	13·5	12·7
16	14 04·0	14 06·3	13 25·6	1·6	1·5	7·6	7·2	13·6	12·8
17	14 04·3	14 06·6	13 25·8	1·7	1·6	7·7	7·3	13·7	12·9
18	14 04·5	14 06·8	13 26·0	1·8	1·7	7·8	7·3	13·8	13·0
19	14 04·8	14 07·1	13 26·3	1·9	1·8	7·9	7·4	13·9	13·1
20	14 05·0	14 07·3	13 26·5	2·0	1·9	8·0	7·5	14·0	13·2
21	14 05·3	14 07·6	13 26·7	2·1	2·0	8·1	7·6	14·1	13·3
22	14 05·5	14 07·8	13 27·0	2·2	2·1	8·2	7·7	14·2	13·4
23	14 05·8	14 08·1	13 27·2	2·3	2·2	8·3	7·8	14·3	13·5
24	14 06·0	14 08·3	13 27·5	2·4	2·3	8·4	7·9	14·4	13·6
25	14 06·3	14 08·6	13 27·7	2·5	2·4	8·5	8·0	14·5	13·7
26	14 06·5	14 08·8	13 27·9	2·6	2·4	8·6	8·1	14·6	13·7
27	14 06·8	14 09·1	13 28·2	2·7	2·5	8·7	8·2	14·7	13·8
28	14 07·0	14 09·3	13 28·4	2·8	2·6	8·8	8·3	14·8	13·9
29	14 07·3	14 09·6	13 28·7	2·9	2·7	8·9	8·4	14·9	14·0
30	14 07·5	14 09·8	13 28·9	3·0	2·8	9·0	8·5	15·0	14·1
31	14 07·8	14 10·1	13 29·1	3·1	2·9	9·1	8·6	15·1	14·2
32	14 08·0	14 10·3	13 29·4	3·2	3·0	9·2	8·7	15·2	14·3
33	14 08·3	14 10·6	13 29·6	3·3	3·1	9·3	8·8	15·3	14·4
34	14 08·5	14 10·8	13 29·8	3·4	3·2	9·4	8·9	15·4	14·5
35	14 08·8	14 11·1	13 30·1	3·5	3·3	9·5	8·9	15·5	14·6
36	14 09·0	14 11·3	13 30·3	3·6	3·4	9·6	9·0	15·6	14·7
37	14 09·3	14 11·6	13 30·6	3·7	3·5	9·7	9·1	15·7	14·8
38	14 09·5	14 11·8	13 30·8	3·8	3·6	9·8	9·2	15·8	14·9
39	14 09·8	14 12·1	13 31·0	3·9	3·7	9·9	9·3	15·9	15·0
40	14 10·0	14 12·3	13 31·3	4·0	3·8	10·0	9·4	16·0	15·1
41	14 10·3	14 12·6	13 31·5	4·1	3·9	10·1	9·5	16·1	15·2
42	14 10·5	14 12·8	13 31·8	4·2	4·0	10·2	9·6	16·2	15·3
43	14 10·8	14 13·1	13 32·0	4·3	4·0	10·3	9·7	16·3	15·3
44	14 11·0	14 13·3	13 32·2	4·4	4·1	10·4	9·8	16·4	15·4
45	14 11·3	14 13·6	13 32·5	4·5	4·2	10·5	9·9	16·5	15·5
46	14 11·5	14 13·8	13 32·7	4·6	4·3	10·6	10·0	16·6	15·6
47	14 11·8	14 14·1	13 32·9	4·7	4·4	10·7	10·1	16·7	15·7
48	14 12·0	14 14·3	13 33·2	4·8	4·5	10·8	10·2	16·8	15·8
49	14 12·3	14 14·6	13 33·4	4·9	4·6	10·9	10·3	16·9	15·9
50	14 12·5	14 14·8	13 33·7	5·0	4·7	11·0	10·4	17·0	16·0
51	14 12·8	14 15·1	13 33·9	5·1	4·8	11·1	10·5	17·1	16·1
52	14 13·0	14 15·3	13 34·1	5·2	4·9	11·2	10·5	17·2	16·2
53	14 13·3	14 15·6	13 34·4	5·3	5·0	11·3	10·6	17·3	16·3
54	14 13·5	14 15·8	13 34·6	5·4	5·1	11·4	10·7	17·4	16·4
55	14 13·8	14 16·1	13 34·9	5·5	5·2	11·5	10·8	17·5	16·5
56	14 14·0	14 16·3	13 35·1	5·6	5·3	11·6	10·9	17·6	16·6
57	14 14·3	14 16·6	13 35·3	5·7	5·4	11·7	11·0	17·7	16·7
58	14 14·5	14 16·8	13 35·6	5·8	5·5	11·8	11·1	17·8	16·8
59	14 14·8	14 17·1	13 35·8	5·9	5·6	11·9	11·2	17·9	16·9
60	14 15·0	14 17·3	13 36·1	6·0	5·7	12·0	11·3	18·0	17·0

57ᵐ	SUN PLANETS	ARIES	MOON	v or d	Corrⁿ	v or d	Corrⁿ	v or d	Co[rrⁿ]
s	° ′	° ′	° ′	′	′	′	′	′	
00	14 15·0	14 17·3	13 36·1	0·0	0·0	6·0	5·8	12·0	
01	14 15·3	14 17·6	13 36·3	0·1	0·1	6·1	5·8	12·1	
02	14 15·5	14 17·8	13 36·5	0·2	0·2	6·2	5·9	12·2	
03	14 15·8	14 18·1	13 36·8	0·3	0·3	6·3	6·0	12·3	
04	14 16·0	14 18·3	13 37·0	0·4	0·4	6·4	6·1	12·4	
05	14 16·3	14 18·6	13 37·2	0·5	0·5	6·5	6·2	12·5	
06	14 16·5	14 18·8	13 37·5	0·6	0·6	6·6	6·3	12·6	
07	14 16·8	14 19·1	13 37·7	0·7	0·7	6·7	6·4	12·7	
08	14 17·0	14 19·3	13 38·0	0·8	0·8	6·8	6·5	12·8	
09	14 17·3	14 19·6	13 38·2	0·9	0·9	6·9	6·6	12·9	
10	14 17·5	14 19·8	13 38·4	1·0	1·0	7·0	6·7	13·0	
11	14 17·8	14 20·1	13 38·7	1·1	1·1	7·1	6·8	13·1	
12	14 18·0	14 20·3	13 38·9	1·2	1·2	7·2	6·9	13·2	
13	14 18·3	14 20·6	13 39·2	1·3	1·2	7·3	7·0	13·3	
14	14 18·5	14 20·9	13 39·4	1·4	1·3	7·4	7·1	13·4	
15	14 18·8	14 21·1	13 39·6	1·5	1·4	7·5	7·2	13·5	
16	14 19·0	14 21·4	13 39·9	1·6	1·5	7·6	7·3	13·6	
17	14 19·3	14 21·6	13 40·1	1·7	1·6	7·7	7·4	13·7	
18	14 19·5	14 21·9	13 40·3	1·8	1·7	7·8	7·5	13·8	
19	14 19·8	14 22·1	13 40·6	1·9	1·8	7·9	7·6	13·9	
20	14 20·0	14 22·4	13 40·8	2·0	1·9	8·0	7·7	14·0	
21	14 20·3	14 22·6	13 41·1	2·1	2·0	8·1	7·8	14·1	
22	14 20·5	14 22·9	13 41·3	2·2	2·1	8·2	7·9	14·2	
23	14 20·8	14 23·1	13 41·5	2·3	2·2	8·3	8·0	14·3	
24	14 21·0	14 23·4	13 41·8	2·4	2·3	8·4	8·1	14·4	
25	14 21·3	14 23·6	13 42·0	2·5	2·4	8·5	8·1	14·5	
26	14 21·5	14 23·9	13 42·3	2·6	2·5	8·6	8·2	14·6	
27	14 21·8	14 24·1	13 42·5	2·7	2·6	8·7	8·3	14·7	
28	14 22·0	14 24·4	13 42·7	2·8	2·7	8·8	8·4	14·8	
29	14 22·3	14 24·6	13 43·0	2·9	2·8	8·9	8·5	14·9	
30	14 22·5	14 24·9	13 43·2	3·0	2·9	9·0	8·6	15·0	
31	14 22·8	14 25·1	13 43·4	3·1	3·0	9·1	8·7	15·1	
32	14 23·0	14 25·4	13 43·7	3·2	3·1	9·2	8·8	15·2	
33	14 23·3	14 25·6	13 43·9	3·3	3·2	9·3	8·9	15·3	
34	14 23·5	14 25·9	13 44·2	3·4	3·3	9·4	9·0	15·4	
35	14 23·8	14 26·1	13 44·4	3·5	3·4	9·5	9·1	15·5	
36	14 24·0	14 26·4	13 44·6	3·6	3·5	9·6	9·2	15·6	
37	14 24·3	14 26·6	13 44·9	3·7	3·5	9·7	9·3	15·7	
38	14 24·5	14 26·9	13 45·1	3·8	3·6	9·8	9·4	15·8	
39	14 24·8	14 27·1	13 45·4	3·9	3·7	9·9	9·5	15·9	
40	14 25·0	14 27·4	13 45·6	4·0	3·8	10·0	9·6	16·0	
41	14 25·3	14 27·6	13 45·8	4·1	3·9	10·1	9·7	16·1	
42	14 25·5	14 27·9	13 46·1	4·2	4·0	10·2	9·8	16·2	
43	14 25·8	14 28·1	13 46·3	4·3	4·1	10·3	9·9	16·3	
44	14 26·0	14 28·4	13 46·5	4·4	4·2	10·4	10·0	16·4	
45	14 26·3	14 28·6	13 46·8	4·5	4·3	10·5	10·1	16·5	
46	14 26·5	14 28·9	13 47·0	4·6	4·4	10·6	10·2	16·6	
47	14 26·8	14 29·1	13 47·3	4·7	4·5	10·7	10·3	16·7	
48	14 27·0	14 29·4	13 47·5	4·8	4·6	10·8	10·4	16·8	
49	14 27·3	14 29·6	13 47·7	4·9	4·7	10·9	10·4	16·9	
50	14 27·5	14 29·9	13 48·0	5·0	4·8	11·0	10·5	17·0	
51	14 27·8	14 30·1	13 48·2	5·1	4·9	11·1	10·6	17·1	
52	14 28·0	14 30·4	13 48·5	5·2	5·0	11·2	10·7	17·2	
53	14 28·3	14 30·6	13 48·7	5·3	5·1	11·3	10·8	17·3	
54	14 28·5	14 30·9	13 48·9	5·4	5·2	11·4	10·9	17·4	
55	14 28·8	14 31·1	13 49·2	5·5	5·3	11·5	11·0	17·5	
56	14 29·0	14 31·4	13 49·4	5·6	5·4	11·6	11·1	17·6	
57	14 29·3	14 31·6	13 49·7	5·7	5·5	11·7	11·2	17·7	
58	14 29·5	14 31·9	13 49·9	5·8	5·6	11·8	11·3	17·8	
59	14 29·8	14 32·1	13 50·1	5·9	5·7	11·9	11·4	17·9	
60	14 30·0	14 32·4	13 50·4	6·0	5·8	12·0	11·5	18·0	

A2 ALTITUDE CORRECTION TABLES 10°-90°—SUN, STARS, PLANETS

SUN

OCT.—MAR. App. Alt.	Lower Limb	Upper Limb	APR.—SEPT. App. Alt.	Lower Limb	Upper Limb
° ′	′	′	° ′	′	′
9 34	+10·8	−21·5	9 39	+10·6	−21·2
9 45	+10·9	−21·4	9 51	+10·7	−21·1
9 56	+11·0	−21·3	10 03	+10·8	−21·0
10 08	+11·1	−21·2	10 15	+10·9	−20·9
10 21	+11·2	−21·1	10 27	+11·0	−20·8
10 34	+11·3	−21·0	10 40	+11·1	−20·7
10 47	+11·4	−20·9	10 54	+11·2	−20·6
11 01	+11·5	−20·8	11 08	+11·3	−20·5
11 15	+11·6	−20·7	11 23	+11·4	−20·4
11 30	+11·7	−20·6	11 38	+11·5	−20·3
11 46	+11·8	−20·5	11 54	+11·6	−20·2
12 02	+11·9	−20·4	12 10	+11·7	−20·1
12 19	+12·0	−20·3	12 28	+11·8	−20·0
12 37	+12·1	−20·2	12 46	+11·9	−19·9
12 55	+12·2	−20·1	13 05	+12·0	−19·8
13 14	+12·3	−20·0	13 24	+12·1	−19·7
13 35	+12·4	−19·9	13 45	+12·2	−19·6
13 56	+12·5	−19·8	14 07	+12·3	−19·5
14 18	+12·6	−19·7	14 30	+12·4	−19·4
14 42	+12·7	−19·6	14 54	+12·5	−19·3
15 06	+12·8	−19·5	15 19	+12·6	−19·2
15 32	+12·9	−19·4	15 46	+12·7	−19·1
15 59	+13·0	−19·3	16 14	+12·8	−19·0
16 28	+13·1	−19·2	16 44	+12·9	−18·9
16 59	+13·2	−19·1	17 15	+13·0	−18·8
17 32	+13·3	−19·0	17 48	+13·1	−18·7
18 06	+13·4	−18·9	18 24	+13·2	−18·6
18 42	+13·5	−18·8	19 01	+13·3	−18·5
19 21	+13·6	−18·7	19 42	+13·4	−18·4
20 03	+13·7	−18·6	20 25	+13·5	−18·3
20 48	+13·8	−18·5	21 11	+13·6	−18·2
21 35	+13·9	−18·4	22 00	+13·7	−18·1
22 26	+14·0	−18·3	22 54	+13·8	−18·0
23 22	+14·1	−18·2	23 51	+13·9	−17·9
24 21	+14·2	−18·1	24 53	+14·0	−17·8
25 26	+14·3	−18·0	26 00	+14·1	−17·7
26 36	+14·4	−17·9	27 13	+14·2	−17·6
27 52	+14·5	−17·8	28 33	+14·3	−17·5
29 15	+14·6	−17·7	30 00	+14·4	−17·4
30 46	+14·7	−17·6	31 35	+14·5	−17·3
32 26	+14·8	−17·5	33 20	+14·6	−17·2
34 17	+14·9	−17·4	35 17	+14·7	−17·1
36 20	+15·0	−17·3	37 26	+14·8	−17·0
38 36	+15·1	−17·2	39 50	+14·9	−16·9
41 08	+15·2	−17·1	42 31	+15·0	−16·8
43 59	+15·3	−17·0	45 31	+15·1	−16·7
47 10	+15·4	−16·9	48 55	+15·2	−16·6
50 46	+15·5	−16·8	52 44	+15·3	−16·5
54 49	+15·6	−16·7	57 02	+15·4	−16·4
59 23	+15·7	−16·6	61 51	+15·5	−16·3
64 30	+15·8	−16·5	67 17	+15·6	−16·2
70 12	+15·9	−16·4	73 16	+15·7	−16·1
76 26	+16·0	−16·3	79 43	+15·8	−16·0
83 05	+16·1	−16·2	86 32	+15·9	−15·9
90 00			90 00		

STARS AND PLANETS

App. Alt.	Corrⁿ
° ′	′
9 56	−5·3
10 08	−5·2
10 20	−5·1
10 33	−5·0
10 46	−4·9
11 00	−4·8
11 14	−4·7
11 29	−4·6
11 45	−4·5
12 01	−4·4
12 18	−4·3
12 35	−4·2
12 54	−4·1
13 13	−4·0
13 33	−3·9
13 54	−3·8
14 16	−3·7
14 40	−3·6
15 04	−3·5
15 30	−3·4
15 57	−3·3
16 26	−3·2
16 56	−3·1
17 28	−3·0
18 02	−2·9
18 38	−2·8
19 17	−2·7
19 58	−2·6
20 42	−2·5
21 28	−2·4
22 19	−2·3
23 13	−2·2
24 11	−2·1
25 14	−2·0
26 22	−1·9
27 36	−1·8
28 56	−1·7
30 24	−1·6
32 00	−1·5
33 45	−1·4
35 40	−1·3
37 48	−1·2
40 08	−1·1
42 44	−1·0
45 36	−0·9
48 47	−0·8
52 18	−0·7
56 11	−0·6
60 28	−0·5
65 08	−0·4
70 11	−0·3
75 34	−0·2
81 13	−0·1
87 03	0·0
90 00	

App. Alt. — Additional Corrⁿ

1971

VENUS

Period	App. Alt.	Additional Corrⁿ
Jan. 1-Jan. 17	0°	
	46	+ 0·3′
Jan. 18-Mar. 5	0°	
	47	+ 0·2′
Mar. 6-Dec. 31	0°	
	42	+ 0·1′

MARS

Period	App. Alt.	Additional Corrⁿ
Jan. 1-Apr. 19	0°	
	60	+ 0·1′
Apr. 20-June 13	0°	
	41	+ 0·2
	75	+ 0·1
June 14-Oct. 12	0°	
	34	+ 0·3
	60	+ 0·2
	80	+ 0·1
Oct. 13-Dec. 8	0°	
	41	+ 0·2
	75	+ 0·1
Dec. 9-Dec. 31	0°	
	60	+ 0·1

DIP

Ht. of Eye (m)	Corrⁿ (′)	Ht. of Eye (ft.)
2·4	−2·8	8·0
2·6	−2·9	8·6
2·8	−3·0	9·2
3·0	−3·1	9·8
3·2	−3·2	10·5
3·4	−3·3	11·2
3·6	−3·4	11·9
3·8	−3·5	12·6
4·0	−3·6	13·3
4·3	−3·7	14·1
4·5	−3·8	14·9
4·7	−3·9	15·7
5·0	−4·0	16·5
5·2	−4·1	17·4
5·5	−4·2	18·3
5·8	−4·3	19·1
6·1	−4·4	20·1
6·3	−4·5	21·0
6·6	−4·6	22·0
6·9	−4·7	22·9
7·2	−4·8	23·9
7·5	−4·9	24·9
7·9	−5·0	26·0
8·2	−5·1	27·1
8·5	−5·2	28·1
8·8	−5·3	29·2
9·2	−5·4	30·4
9·5	−5·5	31·5
9·9	−5·6	32·7
10·3	−5·7	33·9
10·6	−5·8	35·1
11·0	−5·9	36·3
11·4	−6·0	37·6
11·8	−6·1	38·9
12·2	−6·2	40·1
12·6	−6·3	41·5
13·0	−6·4	42·8
13·4	−6·5	44·2
13·8	−6·6	45·5
14·2	−6·7	46·9
14·7	−6·8	48·4
15·1	−6·9	49·8
15·5	−7·0	51·3
16·0	−7·1	52·8
16·5	−7·2	54·3
16·9	−7·3	55·8
17·4	−7·4	57·4
17·9	−7·5	58·9
18·4	−7·6	60·5
18·8	−7·7	62·1
19·3	−7·8	63·8
19·8	−7·9	65·4
20·4	−8·0	67·1
20·9	−8·1	68·8
21·4		70·5

Ht. of Eye	Corrⁿ
m	′
1·0	− 1·8
1·5	− 2·2
2·0	− 2·5
2·5	− 2·8
3·0	− 3·0
See table ←	
m	′
20	− 7·9
22	− 8·3
24	− 8·6
26	− 9·0
28	− 9·3
30	− 9·6
32	−10·0
34	−10·3
36	−10·6
38	−10·8
40	−11·1
42	−11·4
44	−11·7
46	−11·9
48	−12·2
ft.	′
2	− 1·4
4	− 1·9
6	− 2·4
8	− 2·7
10	− 3·1
See table ←	
ft.	′
70	− 8·1
75	− 8·4
80	− 8·7
85	− 8·9
90	− 9·2
95	− 9·5
100	− 9·7
105	− 9·9
110	−10·2
115	−10·4
120	−10·6
125	−10·8
130	−11·1
135	−11·3
140	−11·5
145	−11·7
150	−11·9
155	−12·1

App. Alt. = Sextanthöhe berichtigt für Indexfehler und Kimmtiefe
(Höhenberichtigungstafel des Nautical Almanac)

Anhang E

ALTITUDE CORRECTION TABLES 0°–35°—MOON

App. Alt.	0°–4° Corrⁿ	5°–9° Corrⁿ	10°–14° Corrⁿ	15°–19° Corrⁿ	20°–24° Corrⁿ	25°–29° Corrⁿ	30°–34° Corrⁿ	App. Alt.
′	° ′	° ′	° ′	° ′	° ′	° ′	° ′	′
00	0 33·8	5 58·2	10 62·1	15 62·8	20 62·2	25 60·8	30 58·9	00
10	35·9	58·5	62·2	62·8	62·1	60·8	58·8	10
20	37·8	58·7	62·2	62·8	62·1	60·7	58·8	20
30	39·6	58·9	62·3	62·8	62·1	60·7	58·7	30
40	41·2	59·1	62·3	62·8	62·0	60·6	58·6	40
50	42·6	59·3	62·4	62·7	62·0	60·6	58·5	50
00	1 44·0	6 59·5	11 62·4	16 62·7	21 62·0	26 60·5	31 58·5	00
10	45·2	59·7	62·4	62·7	61·9	60·4	58·4	10
20	46·3	59·9	62·5	62·7	61·9	60·4	58·3	20
30	47·3	60·0	62·5	62·7	61·9	60·3	58·2	30
40	48·3	60·2	62·5	62·7	61·8	60·3	58·2	40
50	49·2	60·3	62·6	62·7	61·8	60·2	58·1	50
00	2 50·0	7 60·5	12 62·6	17 62·7	22 61·7	27 60·1	32 58·0	00
10	50·8	60·6	62·6	62·6	61·7	60·1	57·9	10
20	51·4	60·7	62·6	62·6	61·6	60·0	57·8	20
30	52·1	60·9	62·7	62·6	61·6	59·9	57·8	30
40	52·7	61·0	62·7	62·6	61·5	59·9	57·7	40
50	53·3	61·1	62·7	62·6	61·5	59·8	57·6	50
00	3 53·8	8 61·2	13 62·7	18 62·5	23 61·5	28 59·7	33 57·5	00
10	54·3	61·3	62·7	62·5	61·4	59·7	57·4	10
20	54·8	61·4	62·7	62·5	61·4	59·6	57·4	20
30	55·2	61·5	62·8	62·5	61·3	59·6	57·3	30
40	55·6	61·6	62·8	62·4	61·3	59·5	57·2	40
50	56·0	61·6	62·8	62·4	61·2	59·4	57·1	50
00	4 56·4	9 61·7	14 62·8	19 62·4	24 61·2	29 59·3	34 57·0	00
10	56·7	61·8	62·8	62·3	61·1	59·3	56·9	10
20	57·1	61·9	62·8	62·3	61·1	59·2	56·9	20
30	57·4	61·9	62·8	62·3	61·0	59·1	56·8	30
40	57·7	62·0	62·8	62·2	60·9	59·1	56·7	40
50	57·9	62·1	62·8	62·2	60·9	59·0	56·6	50
H.P.	L U	L U	L U	L U	L U	L U	L U	H.P.
′	′ ′	′ ′	′ ′	′ ′	′ ′	′ ′	′ ′	′
54·0	0·3 0·9	0·3 0·9	0·4 1·0	0·5 1·1	0·6 1·2	0·7 1·3	0·9 1·5	54·0
54·3	0·7 1·1	0·7 1·2	0·7 1·2	0·8 1·3	0·9 1·4	1·1 1·5	1·2 1·7	54·3
54·6	1·1 1·4	1·1 1·4	1·1 1·4	1·2 1·5	1·3 1·6	1·4 1·7	1·5 1·8	54·6
54·9	1·4 1·6	1·5 1·6	1·5 1·6	1·6 1·7	1·6 1·8	1·8 1·9	1·9 2·0	54·9
55·2	1·8 1·8	1·8 1·8	1·9 1·9	1·9 1·9	2·0 2·0	2·1 2·1	2·2 2·2	55·2
55·5	2·2 2·0	2·2 2·0	2·3 2·1	2·3 2·1	2·4 2·2	2·4 2·3	2·5 2·4	55·5
55·8	2·6 2·2	2·6 2·2	2·6 2·3	2·7 2·3	2·7 2·4	2·8 2·4	2·9 2·5	55·8
56·1	3·0 2·4	3·0 2·5	3·0 2·5	3·0 2·5	3·1 2·6	3·1 2·6	3·2 2·7	56·1
56·4	3·4 2·7	3·4 2·7	3·4 2·7	3·4 2·7	3·4 2·8	3·5 2·8	3·5 2·9	56·4
56·7	3·7 2·9	3·7 2·9	3·8 2·9	3·8 2·9	3·8 3·0	3·8 3·0	3·9 3·0	56·7
57·0	4·1 3·1	4·1 3·1	4·1 3·1	4·1 3·1	4·2 3·1	4·2 3·2	4·2 3·2	57·0
57·3	4·5 3·3	4·5 3·3	4·5 3·3	4·5 3·3	4·5 3·3	4·5 3·4	4·6 3·4	57·3
57·6	4·9 3·5	4·9 3·5	4·9 3·5	4·9 3·5	4·9 3·5	4·9 3·5	4·9 3·6	57·6
57·9	5·3 3·8	5·3 3·8	5·2 3·8	5·2 3·7	5·2 3·7	5·2 3·7	5·2 3·7	57·9
58·2	5·6 4·0	5·6 4·0	5·6 4·0	5·6 4·0	5·6 3·9	5·6 3·9	5·6 3·9	58·2
58·5	6·0 4·2	6·0 4·2	6·0 4·2	6·0 4·2	6·0 4·1	5·9 4·1	5·9 4·1	58·5
58·8	6·4 4·4	6·4 4·4	6·4 4·4	6·3 4·4	6·3 4·3	6·3 4·3	6·2 4·2	58·8
59·1	6·8 4·6	6·8 4·6	6·7 4·6	6·7 4·6	6·7 4·5	6·6 4·5	6·6 4·4	59·1
59·4	7·2 4·8	7·1 4·8	7·1 4·8	7·1 4·8	7·0 4·7	7·0 4·7	6·9 4·6	59·4
59·7	7·5 5·1	7·5 5·0	7·5 5·0	7·5 5·0	7·4 4·9	7·3 4·8	7·2 4·7	59·7
60·0	7·9 5·3	7·9 5·3	7·9 5·2	7·8 5·2	7·8 5·1	7·7 5·0	7·6 4·9	60·0
60·3	8·3 5·5	8·3 5·5	8·2 5·4	8·2 5·4	8·1 5·3	8·0 5·2	7·9 5·1	60·3
60·6	8·7 5·7	8·7 5·7	8·6 5·7	8·6 5·6	8·5 5·5	8·4 5·4	8·2 5·3	60·6
60·9	9·1 5·9	9·0 5·9	9·0 5·9	8·9 5·8	8·8 5·7	8·7 5·6	8·6 5·4	60·9
61·2	9·5 6·2	9·4 6·1	9·4 6·1	9·3 6·0	9·2 5·9	9·1 5·8	8·9 5·6	61·2
61·5	9·8 6·4	9·8 6·3	9·7 6·3	9·7 6·2	9·5 6·1	9·4 5·9	9·2 5·8	61·5

DIP					
Ht. of Eye	Corrⁿ	Ht. of Eye	Ht. of Eye	Corrⁿ	Ht. of Eye
m		ft.	m		ft.
2·4	′	8·0	9·5	′	31·5
	−2·8			−5·5	
2·6		8·6	9·9		32·7
	−2·9			−5·6	
2·8		9·2	10·3		33·9
	−3·0			−5·7	
3·0		9·8	10·6		35·1
	−3·1			−5·8	
3·2		10·5	11·0		36·3
	−3·2			−5·9	
3·4		11·2	11·4		37·6
	−3·3			−6·0	
3·6		11·9	11·8		38·9
	−3·4			−6·1	
3·8		12·6	12·2		40·1
	−3·5			−6·2	
4·0		13·3	12·6		41·5
	−3·6			−6·3	
4·3		14·1	13·0		42·8
	−3·7			−6·4	
4·5		14·9	13·4		44·2
	−3·8			−6·5	
4·7		15·7	13·8		45·5
	−3·9			−6·6	
5·0		16·5	14·2		46·9
	−4·0			−6·7	
5·2		17·4	14·7		48·4
	−4·1			−6·8	
5·5		18·3	15·1		49·8
	−4·2			−6·9	
5·8		19·1	15·5		51·3
	−4·3			−7·0	
6·1		20·1	16·0		52·8
	−4·4			−7·1	
6·3		21·0	16·5		54·3
	−4·5			−7·2	
6·6		22·0	16·9		55·8
	−4·6			−7·3	
6·9		22·9	17·4		57·4
	−4·7			−7·4	
7·2		23·9	17·9		58·9
	−4·8			−7·5	
7·5		24·9	18·4		60·5
	−4·9			−7·6	
7·9		26·0	18·8		62·1
	−5·0			−7·7	
8·2		27·1	19·3		63·8
	−5·1			−7·8	
8·5		28·1	19·8		65·4
	−5·2			−7·9	
8·8		29·2	20·4		67·1
	−5·3			−8·0	
9·2		30·4	20·9		68·8
	−5·4			−8·1	
9·5		31·5	21·4		70·5

MOON CORRECTION TABLE

The correction is in two parts; the first correction is taken from the upper part of the table with argument apparent altitude, and the second from the lower part, with argument H.P., in the same column as that from which the first correction was taken. Separate corrections are given in the lower part for lower (L) and upper (U) limbs. All corrections are to be **added** to apparent altitude, *but 30′ is to be subtracted from the altitude of the upper limb.*

For corrections for pressure and temperature see page A4.

For bubble sextant observations ignore dip, take the mean of upper and lower limb corrections and subtract 15′ from the altitude.

App. Alt. = Apparent altitude = Sextant altitude corrected for index error and dip.

Höhenberichtigungstafel für Mond aus dem Nautical Almanac (siehe Seite 54)

Anhang E (Fortsetzung)

ALTITUDE CORRECTION TABLES 35°-90°—MOON

App. Alt.	35°–39° Corrⁿ	40°–44° Corrⁿ	45°–49° Corrⁿ	50°–54° Corrⁿ	55°–59° Corrⁿ	60°–64° Corrⁿ	65°–69° Corrⁿ	70°–74° Corrⁿ	75°–79° Corrⁿ	80°–84° Corrⁿ	85°–89° Corrⁿ	App. Alt.
′	° ′	° ′	° ′	° ′	° ′	° ′	° ′	° ′	° ′	° ′	° ′	′
00	35 56·5	40 53·7	45 50·5	50 46·9	55 43·1	60 38·9	65 34·6	70 30·1	75 25·3	80 20·5	85 15·6	00
10	56·4	53·6	50·4	46·8	42·9	38·8	34·4	29·9	25·2	20·4	15·5	10
20	56·3	53·5	50·2	46·7	42·8	38·7	34·3	29·7	25·0	20·2	15·3	20
30	56·2	53·4	50·1	46·5	42·7	38·5	34·1	29·6	24·9	20·0	15·1	30
40	56·2	53·3	50·0	46·4	42·5	38·4	34·0	29·4	24·7	19·9	15·0	40
50	56·1	53·2	49·9	46·3	42·4	38·2	33·8	29·3	24·5	19·7	14·8	50
00	36 56·0	41 53·1	46 49·8	51 46·2	56 42·3	61 38·1	66 33·7	71 29·1	76 24·4	81 19·6	86 14·6	00
10	55·9	53·0	49·7	46·0	42·1	37·9	33·5	29·0	24·2	19·4	14·5	10
20	55·8	52·8	49·5	45·9	42·0	37·8	33·4	28·8	24·1	19·2	14·3	20
30	55·7	52·7	49·4	45·8	41·8	37·7	33·2	28·7	23·9	19·1	14·1	30
40	55·6	52·6	49·3	45·7	41·7	37·5	33·1	28·5	23·8	18·9	14·0	40
50	55·5	52·5	49·2	45·5	41·6	37·4	32·9	28·3	23·6	18·7	13·8	50
00	37 55·4	42 52·4	47 49·1	52 45·4	57 41·4	62 37·2	67 32·8	72 28·2	77 23·4	82 18·6	87 13·7	00
10	55·3	52·3	49·0	45·3	41·3	37·1	32·6	28·0	23·3	18·4	13·5	10
20	55·2	52·2	48·8	45·2	41·2	36·9	32·5	27·9	23·1	18·2	13·3	20
30	55·1	52·1	48·7	45·0	41·0	36·8	32·3	27·7	22·9	18·1	13·2	30
40	55·0	52·0	48·6	44·9	40·9	36·6	32·2	27·6	22·8	17·9	13·0	40
50	55·0	51·9	48·5	44·8	40·8	36·5	32·0	27·4	22·6	17·8	12·8	50
00	38 54·9	43 51·8	48 48·4	53 44·6	58 40·6	63 36·4	68 31·9	73 27·2	78 22·5	83 17·6	88 12·7	00
10	54·8	51·7	48·2	44·5	40·5	36·2	31·7	27·1	22·3	17·4	12·5	10
20	54·7	51·6	48·1	44·4	40·3	36·1	31·6	26·9	22·1	17·3	12·3	20
30	54·6	51·5	48·0	44·2	40·2	35·9	31·4	26·8	22·0	17·1	12·2	30
40	54·5	51·4	47·9	44·1	40·1	35·8	31·3	26·6	21·8	16·9	12·0	40
50	54·4	51·2	47·8	44·0	39·9	35·6	31·1	26·5	21·7	16·8	11·8	50
00	39 54·3	44 51·1	49 47·6	54 43·9	59 39·8	64 35·5	69 31·0	74 26·3	79 21·5	84 16·6	89 11·7	00
10	54·2	51·0	47·5	43·7	39·6	35·3	30·8	26·1	21·3	16·5	11·5	10
20	54·1	50·9	47·4	43·6	39·5	35·2	30·7	26·0	21·2	16·3	11·4	20
30	54·0	50·8	47·3	43·5	39·4	35·0	30·5	25·8	21·0	16·1	11·2	30
40	53·9	50·7	47·2	43·3	39·2	34·9	30·4	25·7	20·9	16·0	11·0	40
50	53·8	50·6	47·0	43·2	39·1	34·7	30·2	25·5	20·7	15·8	10·9	50

H.P.	L U	L U	L U	L U	L U	L U	L U	L U	L U	L U	L U	H.P.
′	′ ′	′ ′	′ ′	′ ′	′ ′	′ ′	′ ′	′ ′	′ ′	′ ′	′ ′	′
54·0	1·1 1·7	1·3 1·9	1·5 2·1	1·7 2·4	2·0 2·6	2·3 2·9	2·6 3·2	2·9 3·5	3·2 3·8	3·5 4·1	3·8 4·5	54·0
54·3	1·4 1·8	1·6 2·0	1·8 2·2	2·0 2·5	2·3 2·7	2·5 3·0	2·8 3·2	3·0 3·5	3·3 3·8	3·6 4·1	3·9 4·4	54·3
54·6	1·7 2·0	1·9 2·2	2·1 2·4	2·3 2·6	2·5 2·8	2·7 3·0	3·0 3·3	3·2 3·5	3·5 3·8	3·7 4·1	4·0 4·3	54·6
54·9	2·0 2·2	2·2 2·3	2·3 2·5	2·5 2·7	2·7 2·9	2·9 3·1	3·2 3·3	3·4 3·5	3·6 3·8	3·9 4·0	4·1 4·3	54·9
55·2	2·3 2·3	2·5 2·4	2·6 2·6	2·8 2·8	3·0 2·9	3·2 3·1	3·4 3·3	3·6 3·5	3·8 3·7	4·0 4·0	4·2 4·2	55·2
55·5	2·7 2·5	2·8 2·6	2·9 2·7	3·1 2·9	3·2 3·0	3·4 3·2	3·6 3·4	3·7 3·5	3·9 3·7	4·1 3·9	4·3 4·1	55·5
55·8	3·0 2·6	3·1 2·7	3·2 2·8	3·3 3·0	3·5 3·1	3·6 3·3	3·8 3·4	3·9 3·6	4·1 3·7	4·2 3·9	4·4 4·0	55·8
56·1	3·3 2·8	3·4 2·9	3·5 3·0	3·6 3·1	3·7 3·2	3·8 3·3	4·0 3·4	4·1 3·6	4·2 3·7	4·4 3·8	4·5 4·0	56·1
56·4	3·6 2·9	3·7 3·0	3·8 3·1	3·9 3·2	3·9 3·3	4·0 3·4	4·1 3·5	4·3 3·6	4·4 3·7	4·5 3·8	4·6 3·9	56·4
56·7	3·9 3·1	4·0 3·1	4·1 3·2	4·1 3·3	4·2 3·3	4·3 3·4	4·3 3·5	4·4 3·6	4·5 3·7	4·6 3·8	4·7 3·8	56·7
57·0	4·3 3·2	4·3 3·3	4·3 3·3	4·4 3·4	4·4 3·[illegible]	4·5 3·5	4·5 3·5	4·6 3·6	4·7 3·6	4·7 3·7	4·8 3·8	57·0
57·3	4·6 3·4	4·6 3·4	4·6 3·4	4·6 3·5	4·7 3·5	4·7 3·5	4·7 3·6	4·8 3·6	4·8 3·6	4·8 3·7	4·9 3·7	57·3
57·6	4·9 3·6	4·9 3·6	4·9 3·6	4·9 3·6	4·9 3·6	4·9 3·6	4·9 3·6	4·9 3·6	5·0 3·6	5·0 3·6	5·0 3·6	57·6
57·9	5·2 3·7	5·2 3·7	5·2 3·7	5·2 3·7	5·2 3·7	5·1 3·6	5·1 3·6	5·1 3·6	5·1 3·6	5·1 3·6	5·1 3·6	57·9
58·2	5·5 3·9	5·5 3·8	5·5 3·8	5·4 3·8	5·4 3·7	5·4 3·7	5·3 3·7	5·3 3·6	5·2 3·6	5·2 3·5	5·2 3·5	58·2
58·5	5·9 4·0	5·8 4·0	5·8 3·9	5·7 3·9	5·6 3·8	5·6 3·8	5·5 3·7	5·5 3·6	5·4 3·6	5·3 3·5	5·3 3·4	58·5
58·8	6·2 4·2	6·1 4·1	6·0 4·1	6·0 4·0	5·9 3·9	5·8 3·8	5·7 3·7	5·6 3·6	5·5 3·5	5·4 3·5	5·3 3·4	58·8
59·1	6·5 4·3	6·4 4·3	6·3 4·2	6·2 4·1	6·1 4·0	6·0 3·9	5·9 3·8	5·8 3·6	5·7 3·5	5·6 3·4	5·4 3·3	59·1
59·4	6·8 4·5	6·7 4·4	6·6 4·3	6·5 4·2	6·4 4·1	6·2 3·9	6·1 3·8	6·0 3·7	5·8 3·5	5·7 3·4	5·5 3·2	59·4
59·7	7·1 4·6	7·0 4·5	6·9 4·4	6·8 4·3	6·6 4·1	6·5 4·0	6·3 3·8	6·2 3·7	6·0 3·5	5·8 3·3	5·6 3·2	59·7
60·0	7·5 4·8	7·3 4·7	7·2 4·5	7·0 4·4	6·9 4·2	6·7 4·0	6·5 3·9	6·3 3·7	6·1 3·5	5·9 3·3	5·7 3·1	60·0
60·3	7·8 5·0	7·6 4·8	7·5 4·7	7·3 4·5	7·1 4·3	6·9 4·1	6·7 3·9	6·5 3·7	6·3 3·5	6·0 3·2	5·8 3·0	60·3
60·6	8·1 5·1	7·9 5·0	7·7 4·8	7·6 4·6	7·3 4·4	7·1 4·2	6·9 3·9	6·7 3·7	6·4 3·4	6·2 3·2	5·9 2·9	60·6
60·9	8·4 5·3	8·2 5·1	8·0 4·9	7·8 4·7	7·6 4·5	7·3 4·2	7·1 4·0	6·8 3·7	6·6 3·4	6·3 3·2	6·0 2·9	60·9
61·2	8·7 5·4	8·5 5·2	8·3 5·0	8·1 4·8	7·8 4·5	7·6 4·3	7·3 4·0	7·0 3·7	6·7 3·4	6·4 3·1	6·1 2·8	61·2
61·5	9·1 5·6	8·8 5·4	8·6 5·1	8·3 4·9	8·1 4·6	7·8 4·3	7·5 4·0	7·2 3·7	6·9 3·4	6·5 3·1	6·2 2·7	61·5

LAT 52

DECLINATION (15°-29°) CONTRARY NAME TO LATITUDE

N. Lat. {LHA greater than 180°……. Zn=Z; LHA less than 180°……….. Zn=360−Z}

LHA	15° Hc	d	Z	16° Hc	d	Z	17° Hc	d	Z	18° Hc	d	Z	19° Hc	d	Z
	° ′	′	°	° ′	′	°	° ′	′	°	° ′	′	°	° ′	′	°
69	00 32	50	116	-0 18	49	116	-1 07	49	117	-1 56	49	117	-2 45	49	118
68	01 05	50	116	00 15	49	117	-0 34	49	118	-1 23	49	118	-2 12	50	119
67	01 38	50	117	00 48	49	118	-0 01	50	118	-0 51	49	119	-1 40	49	119
66	02 10	49	118	01 21	50	119	00 31	49	119	-0 18	50	120	-1 08	50	120
65	02 43	-50	119	01 53	-50	119	01 03	49	120	00 14	-50	120	-0 36	-50	121
64	03 15	50	120	02 25	50	120	01 35	50	121	00 45	50	121	-0 05	50	122
63	03 47	50	120	02 57	50	121	02 07	50	121	01 17	50	122	00 27	51	123
62	04 19	50	121	03 29	51	122	02 38	50	122	01 48	50	123	00 58	51	123
61	04 50	50	122	04 00	51	123	03 09	50	123	02 19	51	124	01 28	50	124
60	05 22	-51	123	04 31	-51	123	03 40	-51	124	02 49	-50	124	01 59	-51	125
59	05 52	50	124	05 02	51	124	04 11	51	125	03 20	51	125	02 29	51	126
58	06 23	51	125	05 32	51	125	04 41	51	126	03 50	51	126	02 59	52	127
57	06 53	51	125	06 02	51	126	05 11	52	126	04 19	51	127	03 28	51	127
56	07 23	51	126	06 32	52	127	05 40	51	127	04 49	52	128	03 57	51	128
55	07 53	-52	127	07 01	-51	128	06 10	-52	128	05 18	-52	129	04 26	-52	129
54	08 22	52	128	07 30	51	128	06 39	52	129	05 47	52	129	04 55	52	130
53	08 51	52	129	07 59	52	129	07 07	52	130	06 15	52	130	05 23	52	131
52	09 20	52	130	08 28	53	130	07 35	52	131	06 43	52	131	05 51	53	132
51	09 48	52	130	08 56	53	131	08 03	52	131	07 11	53	132	06 18	52	132
50	10 16	-52	131	09 24	-53	132	08 31	-53	132	07 38	-53	133	06 45	-52	133
49	10 44	53	132	09 51	53	133	08 58	53	133	08 05	53	134	07 12	53	134
48	11 11	53	133	10 18	53	133	09 25	53	134	08 32	53	134	07 39	54	135
47	11 38	53	134	10 45	54	134	09 51	53	135	08 58	54	135	08 04	53	136
46	12 04	53	135	11 11	54	135	10 17	53	136	09 24	54	136	08 30	54	137
45	12 30	-53	136	11 37	-54	136	10 43	-54	137	09 49	-54	137	08 55	-54	137
44	12 56	54	137	12 02	54	137	11 08	54	137	10 14	54	138	09 20	54	138
43	13 21	54	137	12 27	54	138	11 33	54	138	10 39	55	139	09 44	54	139
42	13 46	54	138	12 52	55	139	11 57	54	139	11 03	55	140	10 08	54	140
41	14 10	54	139	13 16	55	140	12 21	54	140	11 27	55	141	10 32	55	141
40	14 34	-54	140	13 40	-55	141	12 45	-55	141	11 50	-55	141	10 55	-55	142
39	14 58	55	141	14 03	55	141	13 08	55	142	12 13	55	142	11 18	55	143
38	15 21	55	142	14 26	56	142	13 30	55	143	12 35	55	143	11 40	55	144
37	15 43	55	143	14 48	55	143	13 53	56	144	12 57	55	144	12 02	56	144
36	16 05	55	144	15 10	56	144	14 14	55	145	13 19	56	145	12 23	56	145
35	16 27	-56	145	15 31	-56	145	14 35	-55	146	13 40	-56	146	12 44	-56	146
34	16 48	56	146	15 52	56	146	14 56	56	146	14 00	56	147	13 04	56	147
33	17 09	56	147	16 13	57	147	15 16	56	147	14 20	56	148	13 24	57	148
32	17 29	57	148	16 32	56	148	15 36	56	148	14 40	57	149	13 43	57	149
31	17 48	56	149	16 52	57	149	15 55	56	149	14 59	57	150	14 02	57	150
30	18 07	-56	150	17 11	-57	150	16 14	-57	150	15 17	-57	151	14 20	-57	151
29	18 26	57	150	17 29	57	151	16 32	57	151	15 35	57	151	14 38	57	152
28	18 44	57	151	17 47	57	152	16 50	58	152	15 52	57	152	14 55	57	153
27	19 01	57	152	18 04	57	153	17 07	58	153	16 09	57	153	15 12	58	154
26	19 18	57	153	18 21	58	154	17 23	57	154	16 26	58	154	15 28	58	155
25	19 34	-57	154	18 37	-58	155	17 39	-58	155	16 41	-57	155	15 44	-58	156
24	19 50	58	155	18 52	58	156	17 54	57	156	16 57	58	156	15 59	58	156
23	20 05	58	156	19 07	58	157	18 09	58	157	17 11	58	157	16 13	58	157
22	20 20	58	157	19 22	59	158	18 23	58	158	17 25	58	158	16 27	58	158
21	20 34	59	158	19 35	58	159	18 37	58	159	17 39	59	159	16 40	58	159
20	20 47	-58	159	19 49	-59	160	18 50	-58	160	17 52	-59	160	16 53	-58	160
19	21 00	59	160	20 01	58	161	19 03	59	161	18 04	59	161	17 05	58	161
18	21 12	59	161	20 13	58	162	19 15	59	162	18 16	59	162	17 17	59	162
17	21 24	59	162	20 25	59	163	19 26	59	163	18 27	59	163	17 28	59	163
16	21 34	59	163	20 35	59	164	19 36	59	164	18 37	59	164	17 38	59	164
15	21 45	-59	164	20 46	-60	165	19 46	-59	165	18 47	-59	165	17 48	-59	165
14	21 54	59	165	20 55	59	166	19 56	59	166	18 57	60	166	17 57	59	166
13	22 03	59	166	21 04	59	167	20 05	60	167	19 05	59	167	18 06	59	167
12	22 12	60	168	21 12	59	168	20 13	60	168	19 13	59	168	18 14	60	168
11	22 19	59	169	21 20	60	169	20 20	59	169	19 21	60	169	18 21	59	169
10	22 26	-59	170	21 27	-60	170	20 27	-59	170	19 28	-60	170	18 28	-60	170
9	22 33	60	171	21 33	60	171	20 33	59	171	19 34	60	171	18 34	60	171
8	22 38	59	172	21 39	60	172	20 39	60	172	19 39	60	172	18 39	59	172
7	22 44	60	173	21 44	60	173	20 44	60	173	19 44	60	173	18 44	60	173
6	22 48	60	174	21 48	60	174	20 48	60	174	19 48	60	174	18 48	59	174
5	22 52	-60	175	21 52	-60	175	20 52	-60	175	19 52	-60	175	18 52	-60	175
4	22 55	60	176	21 55	60	176	20 55	60	176	19 55	60	176	18 55	60	176
3	22 57	60	177	21 57	60	177	20 57	60	177	19 57	60	177	18 57	60	177
2	22 59	60	178	21 59	60	178	20 59	60	178	19 59	60	178	18 59	60	178
1	23 00	60	179	22 00	60	179	21 00	60	179	20 00	60	179	19 00	60	179
0	23 00	-60	180	22 00	-60	180	21 00	-60	180	20 00	-60	180	19 00	-60	180

LHA	20° Hc	d	Z	21° Hc	d	Z	22° Hc	d	Z	23° Hc	d	Z	24° Hc	d	Z
	° ′	′	°	° ′	′	°	° ′	′	°	° ′	′	°	° ′	′	°
69	-3 34	49	118	-4 23	49	119	-5 12	49	120	-6 01	49	120	291		
68	-3 02	49	119	-3 51	49	120	-4 40	49	120	-5 29	49	121	292		
67	-2 29	50	120	-3 19	49	121	-4 08	50	121	-4 58	49	122	-5 47	49	122
66	-1 58	49	121	-2 47	50	121	-3 37	49	122	-4 26	50	122	-5 16	49	123
65	-1 26	-50	122	-2 16	-50	122	-3 06	-49	123	-3 55	-50	123	-4 45	-50	124
64	-0 55	50	122	-1 45	50	123	-2 35	50	123	-3 25	49	124	-4 14	50	125
63	-0 24	50	123	-1 14	50	124	-2 04	50	124	-2 54	50	125	-3 44	50	125
62	00 07	50	124	-0 43	51	124	-1 34	50	125	-2 24	50	126	-3 14	51	126
61	00 38	51	125	-0 13	50	125	-1 03	51	126	-1 54	51	126	-2 45	50	127
60	01 08	-51	126	00 17	-51	126	-0 34	-50	127	-1 24	-51	127	-2 15	-51	128
59	01 38	51	126	00 47	51	127	-0 04	51	127	-0 55	51	128	-1 46	51	128
58	02 07	51	127	01 16	51	128	00 25	51	128	-0 26	51	129	-1 17	51	129
57	02 37	52	128	01 45	51	128	00 54	51	129	00 03	52	129	-0 49	51	130
56	03 06	52	129	02 14	51	129	01 23	52	130	00 31	52	130	-0 21	51	131
55	03 34	-51	130	02 43	-52	130	01 51	-52	131	00 59	-52	131	00 07	-52	132
54	04 03	52	130	03 11	52	131	02 19	52	131	01 27	52	132	00 35	52	132
53	04 31	53	131	03 38	52	132	02 46	52	132	01 54	52	133	01 02	52	133
52	04 58	52	132	04 06	53	132	03 13	52	133	02 21	52	133	01 29	53	134
51	05 26	53	133	04 33	53	133	03 40	52	134	02 48	53	134	01 55	53	135
50	05 53	-53	134	05 00	-53	134	04 07	-53	135	03 14	-53	135	02 21	-53	136
49	06 19	53	135	05 26	53	135	04 33	53	135	03 40	53	136	02 47	53	136
48	06 45	53	135	05 52	53	136	04 59	54	136	04 05	53	137	03 12	53	137
47	07 11	53	136	06 18	54	137	05 24	54	137	04 30	53	138	03 37	54	138
46	07 36	53	137	06 43	54	138	05 49	54	138	04 55	54	138	04 01	53	139
45	08 01	-53	138	07 08	-54	138	06 14	-54	139	05 20	-54	139	04 26	-54	140
44	08 26	54	139	07 32	54	139	06 38	54	140	05 44	55	140	04 49	54	140
43	08 50	54	140	07 56	55	140	07 01	54	140	06 07	54	141	05 13	55	141
42	09 14	55	140	08 19	54	141	07 25	55	141	06 30	54	142	05 36	55	142
41	09 37	55	141	08 42	54	142	07 48	55	142	06 53	55	143	05 58	55	143
40	10 00	-55	142	09 05	-55	143	08 10	-55	143	07 15	-55	143	06 20	-55	144
39	10 23	56	143	09 27	55	143	08 32	55	144	07 37	55	144	06 42	56	145
38	10 45	56	144	09 49	55	144	08 54	56	145	07 58	55	145	07 03	56	146
37	11 06	56	145	10 10	55	145	09 15	56	146	08 19	55	146	07 24	56	146
36	11 27	56	146	10 31	55	146	09 36	56	146	08 40	56	147	07 44	56	147
35	11 48	-56	147	10 52	-56	147	09 56	-56	147	09 00	-56	148	08 04	-56	148
34	12 08	56	148	11 12	57	148	10 15	56	148	09 19	56	149	08 23	56	149
33	12 27	56	148	11 31	56	149	10 35	57	149	09 38	56	149	08 42	57	150
32	12 46	56	149	11 50	57	150	10 53	56	150	09 57	57	150	09 00	57	151
31	13 05	57	150	12 08	56	151	11 12	57	151	10 15	57	151	09 18	57	152
30	13 23	-57	151	12 26	-57	151	11 29	-57	152	10 32	-57	152	09 35	-57	152
29	13 41	57	152	12 44	57	152	11 47	58	153	10 49	57	153	09 52	57	153
28	13 58	57	153	13 01	58	153	12 03	57	154	11 06	57	154	10 09	58	154
27	14 14	57	154	13 17	58	154	12 19	57	155	11 22	58	155	10 24	57	155
26	14 30	57	155	13 33	58	155	12 35	58	155	11 37	57	156	10 40	58	156
25	14 46	-58	156	13 48	-58	156	12 50	-58	156	11 52	-57	157	10 55	-58	157
24	15 01	58	157	14 03	58	157	13 05	58	157	12 07	58	158	11 09	58	158
23	15 15	58	158	14 17	58	158	13 19	58	158	12 21	59	158	11 22	58	159
22	15 29	58	159	14 31	59	159	13 32	58	159	12 34	58	159	11 36	59	160
21	15 42	58	160	14 44	59	160	13 45	58	160	12 47	59	160	11 48	58	161
20	15 55	-59	161	14 56	-58	161	13 58	-59	161	12 59	-59	161	12 00	-58	161
19	16 07	59	161	15 08	59	162	14 09	58	162	13 11	59	162	12 12	59	162
18	16 18	59	162	15 19	58	163	14 21	59	163	13 22	59	163	12 23	59	163
17	16 29	59	163	15 30	59	164	14 31	59	164	13 32	59	164	12 33	59	164
16	16 39	59	164	15 40	59	165	14 41	59	165	13 42	59	165	12 43	59	165
15	16 49	-59	165	15 50	-59	166	14 51	-59	166	13 52	-60	166	12 52	-59	166
14	16 58	59	166	15 59	59	166	15 00	60	167	14 00	59	167	13 01	59	167
13	17 07	60	167	16 07	59	167	15 08	60	168	14 08	59	168	13 09	59	168
12	17 14	59	168	16 15	59	168	15 16	60	169	14 16	59	169	13 17	60	169
11	17 22	60	169	16 22	59	169	15 23	60	169	14 23	60	170	13 23	59	170
10	17 28	-59	170	16 29	-60	170	15 29	-60	170	14 29	-59	171	13 30	-60	171
9	17 34	59	171	16 35	60	171	15 35	60	171	14 35	59	171	13 36	60	172
8	17 40	60	172	16 40	60	172	15 40	60	172	14 40	59	172	13 41	60	173
7	17 44	59	173	16 45	60	173	15 45	60	173	14 45	60	173	13 45	60	173
6	17 49	60	174	16 49	60	174	15 49	60	174	14 49	60	174	13 49	60	174
5	17 52	-60	175	16 52	-60	175	15 52	-60	175	14 52	-60	175	13 52	-59	175
4	17 55	60	176	16 55	60	176	15 55	60	176	14 55	60	176	13 55	60	176
3	17 57	60	177	16 57	60	177	15 57	60	177	14 57	60	177	13 57	60	177
2	17 59	60	178	16 59	60	178	15 59	60	178	14 59	60	178	13 59	60	178
1	18 00	60	179	17 00	60	179	16 00	60	179	15 00	60	179	14 00	60	179
0	18 00	-60	180	17 00	-60	180	16 00	-60	180	15 00	-60	180	14 00	-60	180

LHA	25° Hc	d	Z	26° Hc	d	Z	27° Hc	d	Z	28° Hc	d	Z	29° Hc	d	Z	LHA
	° ′	′	°	° ′	′	°	° ′	′	°	° ′	′	°	° ′	′	°	
69																
68																
67	293															
66	294															
65	-5 35	-49	124	295												
64	-5 04	50	125	-5 54	50	126	296									
63	-4 34	50	126	-5 24	51	126	297									
62	-4 05	50	127	-4 55	50	127	-5 45	50	128	298						
61	-3 35	51	127	-4 26	50	128	-5 16	51	128	299						
60	-3 06	-51	128	-3 57	-50	129	-4 47	-51	129	-5 38	-51	130	300			
59	-2 37	51	129	-3 28	51	129	-4 19	51	130	-5 10	51	130	301			
58	-2 08	52	130	-3 00	51	130	-3 51	51	131	-4 42	51	131	-5 33	51	132	302
57	-1 40	52	131	-2 32	51	131	-3 23	51	132	-4 14	52	132	-5 06	51	133	303
56	-1 12	52	131	-2 04	51	132	-2 55	52	132	-3 47	52	133	-4 39	51	133	304
55	-0 45	-51	132	-1 36	-52	133	-2 28	-52	133	-3 20	-52	134	-4 12	-52	134	305
54	-0 17	52	133	-1 09	52	133	-2 01	52	134	-2 53	52	134	-3 45	52	135	306
53	00 10	53	134	-0 43	52	134	-1 35	52	135	-2 27	52	135	-3 19	52	136	307
52	00 36	52	134	-0 16	53	135	-1 09	52	135	-2 01	53	136	-2 54	52	136	308
51	01 02	52	135	00 10	53	136	-0 43	53	136	-1 36	52	137	-2 28	53	137	309
50	01 28	-53	136	00 35	-53	136	-0 18	-53	137	-1 11	-52	137	-2 03	-53	138	310
49	01 54	54	137	01 00	53	137	00 07	53	138	-0 46	53	138	-1 39	53	139	311
48	02 19	54	138	01 25	53	138	00 32	53	139	-0 21	54	139	-1 15	53	139	312
47	02 43	53	138	01 50	54	139	00 56	53	139	00 03	54	140	-0 51	53	140	313
46	03 08	54	139	02 14	54	140	01 20	54	140	00 26	53	141	-0 27	54	141	314
45	03 32	-54	140	02 38	-54	140	01 44	-54	141	00 50	-54	141	-0 04	-54	142	315
44	03 55	54	141	03 01	54	141	02 07	55	142	01 12	54	142	00 18	54	143	316
43	04 18	54	142	03 24	55	142	02 29	54	143	01 35	55	143	00 40	54	143	317
42	04 41	55	143	03 46	54	143	02 52	55	143	01 57	55	144	01 02	54	144	318
41	05 03	55	143	04 08	55	144	03 13	54	144	02 19	55	145	01 24	55	145	319
40	05 25	-55	144	04 30	-55	145	03 35	-55	145	02 40	-55	145	01 45	-55	146	320
39	05 46	55	145	04 51	55	145	03 56	55	146	03 01	56	146	02 05	55	147	321
38	06 07	55	146	05 12	56	146	04 16	55	147	03 21	56	147	02 25	55	147	322
37	06 28	56	147	05 32	55	147	04 37	56	147	03 41	56	148	02 45	56	148	323
36	06 48	56	148	05 52	56	148	04 56	56	148	04 00	56	149	03 04	56	149	324
35	07 08	-57	148	06 11	-56	149	05 15	-56	149	04 19	-56	149	03 23	-56	150	325
34	07 27	57	149	06 30	56	150	05 34	56	150	04 38	57	150	03 41	56	151	326
33	07 45	56	150	06 49	57	151	05 52	56	151	04 56	57	151	03 59	56	151	327
32	08 03	56	151	07 07	57	151	06 10	57	152	05 13	56	152	04 17	57	152	328
31	08 21	57	152	07 24	57	152	06 27	56	153	05 31	57	153	04 34	57	153	329
30	08 38	-57	153	07 41	-57	153	06 44	-57	153	05 47	-57	154	04 50	-57	154	330
29	08 55	57	154	07 58	57	154	07 01	58	154	06 03	57	155	05 06	57	155	331
28	09 11	57	155	08 14	58	155	07 16	57	155	06 19	57	155	05 22	58	156	332
27	09 27	58	155	08 29	57	156	07 32	58	156	06 34	57	156	05 37	58	157	333
26	09 42	58	156	08 44	57	157	07 47	58	157	06 49	58	157	05 51	58	157	334
25	09 57	-58	157	08 59	-58	157	08 01	-58	158	07 03	-58	158	06 05	-58	158	335
24	10 11	58	158	09 13	58	158	08 15	58	159	07 17	58	159	06 19	59	159	336
23	10 24	58	159	09 26	58	159	08 28	58	159	07 30	58	160	06 32	59	160	337
22	10 37	58	160	09 39	58	160	08 41	59	160	07 42	58	161	06 44	58	161	338
21	10 50	59	161	09 51	58	161	08 53	59	161	07 54	58	161	06 56	59	162	339
20	11 02	-59	162	10 03	-58	162	09 05	-59	162	08 06	-59	162	07 07	-58	163	340
19	11 13	59	163	10 14	58	163	09 16	59	163	08 17	59	163	07 18	59	163	341
18	11 24	59	163	10 25	59	164	09 26	59	164	08 27	58	164	07 29	59	164	342
17	11 34	59	164	10 35	59	165	09 36	59	165	08 37	59	165	07 38	59	165	343
16	11 44	59	165	10 45	59	165	09 46	59	166	08 47	59	166	07 48	60	166	344
15	11 53	-59	166	10 54	-59	166	09 55	-60	167	08 55	-59	167	07 56	-59	167	345
14	12 02	60	167	11 02	59	167	10 03	59	167	09 04	60	168	08 04	59	168	346
13	12 10	60	168	11 10	59	168	10 11	60	168	09 11	59	168	08 12	59	169	347
12	12 17	59	169	11 18	60	169	10 18	59	169	09 19	60	169	08 19	59	169	348
11	12 24	60	170	11 24	59	170	10 25	60	170	09 25	59	170	08 26	60	170	349
10	12 30	-59	171	11 31	-60	171	10 31	-60	171	09 31	-59	171	08 32	-60	171	350
9	12 36	60	172	11 36	60	172	10 36	59	172	09 37	60	172	08 37	60	172	351
8	12 41	60	173	11 41	60	173	10 41	59	173	09 42	60	173	08 42	60	173	352
7	12 45	59	174	11 46	60	174	10 46	60	174	09 46	60	174	08 46	60	174	353
6	12 49	60	174	11 49	59	175	10 50	60	175	09 50	60	175	08 50	60	175	354
5	12 53	-60	175	11 53	-60	175	10 53	-60	176	09 53	-60	176	08 53	-60	176	355
4	12 55	60	176	11 55	60	176	10 55	60	176	09 55	60	176	08 55	59	177	356
3	12 57	60	177	11 57	60	177	10 57	60	177	09 57	60	177	08 57	59	177	357
2	12 59	60	178	11 59	60	178	10 59	60	178	09 59	60	178	08 59	60	178	358
1	13 00	60	179	12 00	60	179	11 00	60	179	10 00	60	179	09 00	60	179	359
0	13 00	-60	180	12 00	-60	180	11 00	-60	180	10 00	-60	180	09 00	-60	180	360

Auszug aus Band 3 Sight Reduction Tables for Air Navigation H.O. 249 oder A.P. 3270

LAT 40°S

Hc Zn	Hc Zn	Hc Zn	Hc Zn	Hc Zn	Hc Zn	Hc Zn
Alpheratz	*Hamal	RIGEL	*CANOPUS	Peacock	*Nunki	Enif
21 03 002	20 15 031	14 15 089	27 39 137	51 34 226	26 20 257	30 59 320
21 04 001	20 38 030	15 01 088	28 10 137	51 01 226	25 36 256	30 29 319
21 04 000	21 01 029	15 47 088	28 42 136	50 28 226	24 51 256	29 58 318
21 04 359	21 23 028	16 33 087	29 14 136	49 56 226	24 07 255	29 27 317
21 03 358	21 44 027	17 19 086	29 46 136	49 23 226	23 22 254	28 55 316
21 00 357	22 04 026	18 05 086	30 18 135	48 50 226	22 38 254	28 23 315
20 58 356	22 24 025	18 50 085	30 50 135	48 17 226	21 54 253	27 50 314
20 54 355	22 44 024	19 36 084	31 23 135	47 44 225	21 10 253	27 17 313
20 50 354	23 02 023	20 22 084	31 56 134	47 12 225	20 26 252	26 43 312
20 45 353	23 20 022	21 07 083	32 28 134	46 39 225	19 43 252	26 08 311
20 39 352	23 37 021	21 53 082	33 02 134	46 06 225	18 59 251	25 34 310
20 32 351	23 53 020	22 38 082	33 35 134	45 34 225	18 16 251	24 58 309
20 25 350	24 09 019	23 24 081	34 08 133	45 01 225	17 32 250	24 22 309
20 17 349	24 24 019	24 09 080	34 42 133	44 29 225	16 49 249	23 46 308
20 08 349	24 38 018	24 54 079	35 15 133	43 56 225	16 06 249	23 10 307
*Hamal	ALDEBARAN	RIGEL	*CANOPUS	Peacock	*FOMALHAUT	Alpheratz
24 52 017	14 45 053	25 40 079	35 49 132	43 24 225	62 46 282	19 59 348
25 05 016	15 21 052	26 25 078	36 23 132	42 51 225	62 01 281	19 48 347
25 17 015	15 57 051	27 10 077	36 57 132	42 19 224	61 16 280	19 37 346
25 28 014	16 33 051	27 54 077	37 32 132	41 47 224	60 31 280	19 26 345
25 38 013	17 08 050	28 39 076	38 06 131	41 15 224	59 45 279	19 14 344
25 48 012	17 43 049	29 23 075	38 41 131	40 43 224	59 00 278	19 01 343
25 57 011	18 18 048	30 08 074	39 15 131	40 11 224	58 14 277	18 47 342
26 05 010	18 52 047	30 52 074	39 50 131	39 39 224	57 29 276	18 32 341
26 12 009	19 25 047	31 36 073	40 25 130	39 08 223	56 43 276	18 17 340
26 18 008	19 58 046	32 20 072	41 00 130	38 36 223	55 57 275	18 02 340
26 24 007	20 31 045	33 03 071	41 35 130	38 05 223	55 11 274	17 45 339
26 29 006	21 03 044	33 47 070	42 10 130	37 33 223	54 25 273	17 28 338
26 33 004	21 35 043	34 30 070	42 46 130	37 02 223	53 40 273	17 11 337
26 36 003	22 06 042	35 13 069	43 21 129	36 31 222	52 54 272	16 52 336
26 38 002	22 37 041	35 55 068	43 57 129	36 00 222	52 08 271	16 33 335
Hamal	*ALDEBARAN	RIGEL	SIRIUS	*CANOPUS	Peacock	*FOMALHAUT
26 40 001	23 07 041	36 38 067	25 05 091	44 32 129	35 29 222	51 22 271
26 41 000	23 36 040	37 20 066	25 51 091	45 08 129	34 59 222	50 36 270
26 41 359	24 05 039	38 02 065	26 37 090	45 44 129	34 28 221	49 50 269
26 40 358	24 34 038	38 44 064	27 23 089	46 20 129	33 58 221	49 04 269
26 38 357	25 02 037	39 25 063	28 09 089	46 56 129	33 28 221	48 18 268
26 35 356	25 29 036	40 06 062	28 55 088	47 32 128	32 58 221	47 32 268
26 32 355	25 56 035	40 46 062	29 40 087	48 08 128	32 28 220	46 46 267
26 28 354	26 22 034	41 27 061	30 26 087	48 44 128	31 58 220	46 00 266
26 23 353	26 47 033	42 06 060	31 12 086	49 20 128	31 29 220	45 14 266
26 17 352	27 12 032	42 46 059	31 58 085	49 56 128	30 59 220	44 29 265
26 10 351	27 36 031	43 25 058	32 44 085	50 33 128	30 30 219	43 43 265
26 03 350	28 00 030	44 03 057	33 30 084	51 09 128	30 01 219	42 57 264
25 54 349	28 22 029	44 41 055	34 15 083	51 45 128	29 32 219	42 11 263
25 45 348	28 44 028	45 19 054	35 01 082	52 21 128	29 03 218	41 26 263
25 36 347	29 06 027	45 56 053	35 46 082	52 58 128	28 35 218	40 40 262
*ALDEBARAN	RIGEL	SIRIUS	*CANOPUS	ACHERNAR	*FOMALHAUT	Hamal
29 26 026	46 33 052	36 32 081	53 34 128	68 01 211	39 55 262	25 25 346
29 46 025	47 09 051	37 17 080	54 11 128	67 37 212	39 09 261	25 14 345
30 05 024	47 44 050	38 02 080	54 47 128	67 12 213	38 24 261	25 01 344
30 24 023	48 19 049	38 48 079	55 23 128	66 47 214	37 38 260	24 48 343
30 41 022	48 53 047	39 33 078	56 00 128	66 22 214	36 53 260	24 35 342
30 58 021	49 27 046	40 17 077	56 36 128	65 55 215	36 08 259	24 20 341
31 14 020	49 59 045	41 02 076	57 12 128	65 29 216	35 23 259	24 05 340
31 29 019	50 31 044	41 47 076	57 49 128	65 01 217	34 38 258	23 49 339
31 43 018	51 03 042	42 31 075	58 25 128	64 34 217	33 53 257	23 33 338
31 57 016	51 33 041	43 16 074	59 01 128	64 06 218	33 08 257	23 15 337
32 09 015	52 03 039	44 00 073	59 37 128	63 37 218	32 24 256	22 57 336
32 21 014	52 32 038	44 44 072	60 13 129	63 09 219	31 39 256	22 39 336
32 32 013	53 00 037	45 27 071	60 49 129	62 39 220	30 54 255	22 19 335
32 42 012	53 26 035	46 11 071	61 24 129	62 10 220	30 10 255	21 59 334
32 51 011	53 52 034	46 54 070	62 00 129	61 40 220	29 26 254	21 38 333
ALDEBARAN	*BETELGEUSE	SIRIUS	*ACRUX	ACHERNAR	*FOMALHAUT	Hamal
32 59 010	35 50 036	47 37 069	21 30 157	61 10 221	28 42 254	21 17 332
33 07 009	36 17 034	48 20 068	21 48 156	60 40 221	27 57 253	20 55 331
33 13 008	36 42 033	49 02 067	22 06 156	60 10 222	27 14 253	20 32 330
33 19 006	37 07 032	49 44 066	22 25 156	59 39 222	26 30 252	20 09 329
33 23 005	37 31 031	50 26 065	22 44 155	59 08 222	25 46 252	19 45 328
33 27 004	37 55 030	51 07 064	23 03 155	58 37 223	25 02 251	19 21 327
33 30 003	38 17 029	51 48 063	23 23 155	58 06 223	24 19 251	18 56 327
33 32 002	38 39 028	52 29 061	23 43 154	57 35 223	23 36 250	18 30 326
33 33 001	39 00 026	53 09 060	24 03 154	57 03 223	22 53 250	18 04 325
33 33 359	39 20 025	53 49 059	24 23 154	56 32 224	22 10 249	17 37 324
33 32 358	39 39 024	54 28 058	24 44 153	56 00 224	21 27 248	17 10 323
33 30 357	39 57 023	55 06 057	25 05 153	55 28 224	20 44 248	16 42 322
33 27 356	40 14 021	55 45 055	25 26 153	54 56 224	20 02 247	16 13 321
33 24 355	40 31 020	56 22 054	25 47 152	54 24 224	19 19 247	15 45 321
33 19 354	40 46 019	56 59 053	26 08 152	53 52 224	18 37 246	15 15 320
BETELGEUSE	*SIRIUS	Suhail	*ACRUX	ACHERNAR	*Diphda	ALDEBARAN
41 01 018	57 35 051	44 50 115	26 30 152	53 20 224	30 55 272	33 14 353
41 14 016	58 11 050	45 31 115	26 52 151	52 48 224	30 09 271	33 07 351
41 27 015	58 46 049	46 13 115	27 14 151	52 15 225	29 23 270	33 00 350
41 38 014	59 20 047	46 55 114	27 36 151	51 43 225	28 37 270	32 52 349
41 49 013	59 53 046	47 37 114	27 59 151	51 11 225	27 51 269	32 43 348
41 58 011	60 26 044	48 19 114	28 21 150	50 39 225	27 06 268	32 33 347
42 07 010	60 57 042	49 01 114	28 44 150	50 06 225	26 20 268	32 22 346
42 14 009	61 27 041	49 43 113	29 07 150	49 34 225	25 34 267	32 11 345
42 20 007	61 57 039	50 25 113	29 31 149	49 02 225	24 48 267	31 58 344
42 25 006	62 25 037	51 08 113	29 54 149	48 29 225	24 02 266	31 45 343
42 30 005	62 52 035	51 50 112	30 18 149	47 57 225	23 16 265	31 30 341
42 33 003	63 18 033	52 33 112	30 42 149	47 25 225	22 30 265	31 15 340
42 35 002	63 43 031	53 15 112	31 06 148	46 52 225	21 45 264	30 59 339
42 36 001	64 06 029	53 58 112	31 30 148	46 20 224	20 59 263	30 43 338
42 36 359	64 28 027	54 41 111	31 54 148	45 48 224	20 13 263	30 25 337

LAT 40°S

LHA ♈	Hc Zn	Hc Zn	Hc Zn	Hc Zn	Hc Zn	Hc Zn	Hc Zn
	PROCYON	REGULUS	*Suhail	ACRUX	*ACHERNAR	RIGEL	*BETELGEUSE
90	39 25 032	12 43 062	55 23 111	32 19 148	45 16 224	56 33 339	42 34 358
91	39 50 031	13 24 061	56 06 111	32 44 147	44 44 224	56 16 337	42 32 356
92	40 13 030	14 04 060	56 49 111	33 08 147	44 12 224	55 57 335	42 29 355
93	40 35 029	14 44 060	57 32 110	33 33 147	43 40 224	55 37 334	42 24 354
94	40 57 027	15 23 059	58 15 110	33 58 147	43 08 224	55 16 332	42 19 352
95	41 18 026	16 03 058	58 59 110	34 24 147	42 36 224	54 54 330	42 12 351
96	41 37 025	16 42 057	59 42 110	34 49 146	42 04 224	54 31 329	42 05 350
97	41 56 024	17 20 057	60 25 110	35 15 146	41 33 223	54 06 327	41 56 348
98	42 14 022	17 58 056	61 08 109	35 40 146	41 01 223	53 41 326	41 46 347
99	42 31 021	18 36 055	61 52 109	36 06 146	40 30 223	53 14 324	41 36 346
100	42 47 020	19 14 054	62 35 109	36 32 146	39 58 223	52 47 323	41 24 345
101	43 02 018	19 51 054	63 19 109	36 58 145	39 27 223	52 19 321	41 11 343
102	43 16 017	20 28 053	64 02 109	37 24 145	38 56 223	51 50 320	40 57 342
103	43 29 016	21 04 052	64 46 109	37 51 145	38 25 222	51 20 319	40 43 341
104	43 41 014	21 40 051	65 29 109	38 17 145	37 54 222	50 49 317	40 27 339
	PROCYON	REGULUS	*Gienah	ACRUX	*ACHERNAR	RIGEL	*BETELGEUSE
105	43 52 013	22 16 050	19 41 097	38 43 145	37 23 222	50 17 316	40 11 338
106	44 02 012	22 51 049	20 27 096	39 10 145	36 52 222	49 45 315	39 53 337
107	44 11 010	23 25 049	21 13 095	39 36 145	36 22 222	49 12 313	39 35 336
108	44 19 009	24 00 048	21 59 095	40 03 144	35 51 221	48 38 312	39 15 335
109	44 25 008	24 33 047	22 44 094	40 30 144	35 21 221	48 03 311	38 55 333
110	44 31 006	25 07 046	23 30 093	40 57 144	34 51 221	47 28 310	38 34 332
111	44 35 005	25 39 045	24 16 093	41 24 144	34 21 221	46 53 308	38 12 331
112	44 38 003	26 12 044	25 02 092	41 51 144	33 51 220	46 16 307	37 49 330
113	44 41 002	26 43 043	25 48 092	42 18 144	33 21 220	45 39 306	37 26 329
114	44 42 001	27 15 042	26 34 091	42 45 144	32 51 220	45 02 305	37 02 328
115	44 42 359	27 45 041	27 20 090	43 12 144	32 22 220	44 24 304	36 37 326
116	44 40 358	28 15 040	28 06 090	43 39 144	31 53 219	43 46 303	36 11 325
117	44 38 356	28 45 039	28 52 089	44 06 144	31 24 219	43 07 302	35 44 324
118	44 35 355	29 14 038	29 38 088	44 34 144	30 55 219	42 28 301	35 17 323
119	44 30 354	29 42 037	30 24 088	45 01 144	30 26 219	41 48 300	34 49 322
	REGULUS	*SPICA	ACRUX	*CANOPUS	RIGEL	BETELGEUSE	*PROCYON
120	30 09 036	13 59 093	45 28 144	69 12 224	41 08 299	34 20 321	44 24 352
121	30 36 035	14 45 092	45 56 144	68 40 225	40 28 298	33 51 320	44 18 351
122	31 03 034	15 31 091	46 23 144	68 07 226	39 47 297	33 21 319	44 10 349
123	31 28 033	16 17 091	46 50 144	67 34 227	39 06 296	32 51 318	44 01 348
124	31 53 032	17 03 090	47 17 144	67 01 227	38 25 295	32 20 317	43 51 347
125	32 18 031	17 49 090	47 45 144	66 27 228	37 43 294	31 48 316	43 40 345
126	32 41 030	18 35 089	48 12 144	65 53 228	37 01 293	31 16 315	43 28 344
127	33 04 029	19 21 088	48 39 144	65 18 229	36 19 293	30 43 314	43 15 343
128	33 26 028	20 06 088	49 06 144	64 44 229	35 36 292	30 10 313	43 00 341
129	33 47 027	20 52 087	49 33 144	64 09 230	34 53 291	29 36 312	42 45 340
130	34 08 026	21 38 086	50 01 144	63 34 230	34 10 290	29 01 311	42 29 339
131	34 27 025	22 24 086	50 28 144	62 58 230	33 27 289	28 26 310	42 12 337
132	34 46 024	23 10 085	50 55 144	62 23 231	32 44 288	27 51 309	41 54 336
133	35 04 023	23 56 084	51 21 144	61 47 231	32 00 288	27 15 308	41 35 335
134	35 21 021	24 41 084	51 48 144	61 12 231	31 16 287	26 39 308	41 15 334
	*REGULUS	SPICA	*ACRUX	CANOPUS	*RIGEL	BETELGEUSE	PROCYON
135	35 38 020	25 27 083	52 15 145	60 36 231	30 32 286	26 02 307	40 54 332
136	35 53 019	26 13 082	52 41 145	60 00 231	29 48 285	25 25 306	40 32 331
137	36 08 018	26 58 082	53 08 145	59 24 232	29 03 285	24 48 305	40 10 330
138	36 21 017	27 44 081	53 34 145	58 48 232	28 19 284	24 10 304	39 46 329
139	36 34 016	28 29 080	54 00 145	58 12 232	27 34 283	23 32 303	39 22 328
140	36 46 014	29 14 079	54 26 146	57 36 232	26 49 282	22 53 302	38 57 326
141	36 57 013	29 59 079	54 52 146	56 59 232	26 04 282	22 14 302	38 31 325
142	37 07 012	30 44 078	55 18 146	56 23 232	25 19 281	21 35 301	38 05 324
143	37 16 011	31 29 077	55 44 146	55 47 232	24 34 280	20 55 300	37 38 323
144	37 24 009	32 14 076	56 09 147	55 10 232	23 49 280	20 15 299	37 10 322
145	37 31 008	32 58 076	56 34 147	54 34 232	23 03 279	19 35 298	36 41 321
146	37 37 007	33 43 075	56 59 147	53 58 232	22 18 278	18 55 298	36 12 320
147	37 42 006	34 27 074	57 24 148	53 21 232	21 32 277	18 14 297	35 41 319
148	37 46 005	35 11 073	57 48 148	52 45 232	20 47 277	17 33 296	35 11 318
149	37 50 003	35 55 073	58 12 149	52 08 232	20 01 276	16 51 295	34 40 317
	REGULUS	*SPICA	ACRUX	*Miaplacidus	CANOPUS	SIRIUS	*PROCYON
150	37 52 002	36 39 072	58 36 149	59 46 188	51 32 232	41 43 284	34 08 316
151	37 53 001	37 23 071	59 00 149	59 39 189	50 56 232	40 58 283	33 35 315
152	37 53 000	38 06 070	59 23 150	59 32 189	50 20 232	40 14 283	33 02 314
153	37 52 358	38 49 069	59 46 150	59 24 190	49 43 232	39 29 282	32 29 313
154	37 50 357	39 32 068	60 08 151	59 16 191	49 07 232	38 44 281	31 55 312
155	37 48 356	40 14 067	60 31 151	59 07 191	48 31 232	37 58 280	31 20 311
156	37 44 355	40 57 067	60 53 152	58 57 192	47 55 232	37 13 280	30 45 310
157	37 39 353	41 39 066	61 14 153	58 48 193	47 19 232	36 28 279	30 09 309
158	37 33 352	42 20 065	61 35 153	58 38 193	46 43 231	35 42 278	29 33 308
159	37 27 351	43 02 064	61 56 154	58 27 194	46 07 231	34 57 277	28 57 307
160	37 19 350	43 43 063	62 16 154	58 16 194	45 31 231	34 11 277	28 20 306
161	37 10 349	44 24 062	62 35 155	58 04 195	44 55 231	33 26 276	27 43 305
162	37 01 347	45 04 061	62 54 156	57 52 195	44 20 231	32 40 275	27 05 304
163	36 50 346	45 44 060	63 13 157	57 40 196	43 44 231	31 54 275	26 27 304
164	36 39 345	46 23 059	63 31 157	57 27 196	43 09 230	31 08 274	25 48 303
	ARCTURUS	*ANTARES	ACRUX	*CANOPUS	SIRIUS	PROCYON	*REGULUS
165	15 24 047	22 29 106	63 48 158	42 33 230	30 22 273	25 09 302	36 26 344
166	15 57 046	23 13 106	64 05 159	41 58 230	29 36 273	24 30 301	36 13 343
167	16 30 046	23 57 105	64 21 160	41 23 230	28 51 272	23 51 300	35 59 341
168	17 03 045	24 41 105	64 37 161	40 48 230	28 05 271	23 11 299	35 44 340
169	17 35 044	25 26 104	64 52 161	40 13 229	27 19 271	22 30 299	35 28 339
170	18 07 043	26 11 104	65 06 162	39 38 229	26 33 270	21 50 298	35 11 338
171	18 38 042	26 55 103	65 20 163	39 03 229	25 47 269	21 09 297	34 53 337
172	19 08 042	27 40 102	65 33 164	38 28 229	25 01 269	20 28 296	34 35 336
173	19 39 041	28 25 102	65 45 165	37 54 229	24 15 268	19 47 295	34 15 335
174	20 08 040	29 10 101	65 56 166	37 19 228	23 29 267	19 05 295	33 55 333
175	20 38 039	29 55 101	66 06 167	36 45 228	22 43 267	18 23 294	33 34 332
176	21 06 038	30 40 100	66 16 168	36 11 228	21 57 266	17 41 293	33 13 331
177	21 34 037	31 26 100	66 25 169	35 37 227	21 11 266	16 59 292	32 50 330
178	22 02 036	32 11 099	66 33 171	35 03 227	20 25 265	16 16 292	32 27 329
179	22 29 035	32 57 098	66 40 172	34 30 227	19 40 264	15 33 291	32 03 328

Auszug aus Band 1, H.O. 249 oder A.P. 3270, „Selected Stars“

TABLE 5.—Correction to Tabulated Altitude for Minutes of Declination

d / ′	1	2	3	4	5	6	7	8	9	10	11	12	13	14	15	16	17	18	19	20	21	22	23	24	25	26	27	28	29	30	31	32	33	34	35	36	37	38	39	40	41	42	43	44	45	46	47	48	49	50	51	52	53	54	55	56	57	58	59	60	d / ′
0	0	0	0	0	0	0	0	0	0	0	0	0	0	0	0	0	0	0	0	0	0	0	0	0	0	0	0	0	0	0	0	0	0	0	0	0	0	0	0	0	0	0	0	0	0	0	0	0	0	0	0	0	0	0	0	0	0	0	0	0	0
1	0	0	0	0	0	0	0	0	0	0	0	0	0	0	0	0	0	0	0	0	0	0	0	0	0	0	0	0	0	0	1	1	1	1	1	1	1	1	1	1	1	1	1	1	1	1	1	1	1	1	1	1	1	1	1	1	1	1	1	1	1
2	0	0	0	0	0	0	0	0	0	0	0	0	0	0	0	1	1	1	1	1	1	1	1	1	1	1	1	1	1	1	1	1	1	1	1	1	1	1	1	1	1	1	1	1	2	2	2	2	2	2	2	2	2	2	2	2	2	2	2	2	2
3	0	0	0	0	0	0	0	0	0	0	1	1	1	1	1	1	1	1	1	1	1	1	1	1	1	1	1	1	1	2	2	2	2	2	2	2	2	2	2	2	2	2	2	2	2	2	2	2	2	2	3	3	3	3	3	3	3	3	3	3	3
4	0	0	0	0	0	0	0	1	1	1	1	1	1	1	1	1	1	1	1	1	1	1	2	2	2	2	2	2	2	2	2	2	2	2	2	2	2	3	3	3	3	3	3	3	3	3	3	3	3	3	3	3	4	4	4	4	4	4	4	4	4
5	0	0	0	0	0	0	1	1	1	1	1	1	1	1	1	1	1	2	2	2	2	2	2	2	2	2	2	2	2	2	3	3	3	3	3	3	3	3	3	3	3	4	4	4	4	4	4	4	4	4	4	4	4	4	5	5	5	5	5	5	5
6	0	0	0	0	0	1	1	1	1	1	1	1	1	1	2	2	2	2	2	2	2	2	2	2	2	3	3	3	3	3	3	3	3	3	4	4	4	4	4	4	4	4	4	4	4	5	5	5	5	5	5	5	5	5	6	6	6	6	6	6	6
7	0	0	0	0	1	1	1	1	1	1	1	1	2	2	2	2	2	2	2	2	2	3	3	3	3	3	3	3	3	4	4	4	4	4	4	4	4	4	5	5	5	5	5	5	5	5	5	6	6	6	6	6	6	6	6	7	7	7	7	7	7
8	0	0	0	1	1	1	1	1	1	1	1	2	2	2	2	2	2	2	3	3	3	3	3	3	3	3	4	4	4	4	4	4	4	5	5	5	5	5	5	5	5	6	6	6	6	6	6	6	7	7	7	7	7	7	7	7	8	8	8	8	8
9	0	0	0	1	1	1	1	1	1	2	2	2	2	2	2	2	3	3	3	3	3	3	3	4	4	4	4	4	4	4	5	5	5	5	5	5	6	6	6	6	6	6	6	7	7	7	7	7	7	8	8	8	8	8	8	8	9	9	9	9	9
10	0	0	0	1	1	1	1	1	2	2	2	2	2	2	2	3	3	3	3	3	4	4	4	4	4	4	4	5	5	5	5	5	6	6	6	6	6	6	6	7	7	7	7	7	8	8	8	8	8	8	8	9	9	9	9	9	10	10	10	10	10
11	0	0	1	1	1	1	1	1	2	2	2	2	2	3	3	3	3	3	3	4	4	4	4	4	5	5	5	5	5	6	6	6	6	6	6	7	7	7	7	7	8	8	8	8	8	8	9	9	9	9	9	10	10	10	10	10	10	11	11	11	11
12	0	0	1	1	1	1	1	2	2	2	2	2	3	3	3	3	3	4	4	4	4	4	5	5	5	5	5	6	6	6	6	6	7	7	7	7	7	8	8	8	8	8	9	9	9	9	9	10	10	10	10	10	11	11	11	11	11	12	12	12	12
13	0	0	1	1	1	1	2	2	2	2	2	3	3	3	3	3	4	4	4	4	5	5	5	5	5	6	6	6	6	6	7	7	7	7	8	8	8	8	8	9	9	9	9	10	10	10	10	10	11	11	11	11	11	12	12	12	12	13	13	13	13
14	0	0	1	1	1	1	2	2	2	2	3	3	3	3	4	4	4	4	4	5	5	5	5	6	6	6	6	7	7	7	7	7	8	8	8	8	9	9	9	9	10	10	10	10	10	11	11	11	11	12	12	12	12	13	13	13	13	14	14	14	14
15	0	0	1	1	1	2	2	2	2	2	3	3	3	4	4	4	4	4	5	5	5	6	6	6	6	6	7	7	7	8	8	8	8	8	9	9	9	10	10	10	10	10	11	11	11	12	12	12	12	12	13	13	13	14	14	14	14	14	15	15	15
16	0	1	1	1	1	2	2	2	2	3	3	3	3	4	4	4	5	5	5	5	6	6	6	6	7	7	7	7	8	8	8	9	9	9	9	10	10	10	10	11	11	11	11	12	12	12	13	13	13	13	14	14	14	14	15	15	15	15	16	16	16
17	0	1	1	1	1	2	2	2	3	3	3	3	4	4	4	5	5	5	5	6	6	6	7	7	7	7	8	8	8	8	9	9	9	10	10	10	10	11	11	11	12	12	12	12	13	13	13	14	14	14	14	15	15	15	16	16	16	16	17	17	17
18	0	1	1	1	2	2	2	2	3	3	3	4	4	4	4	5	5	5	6	6	6	7	7	7	8	8	8	8	9	9	9	10	10	10	10	11	11	11	12	12	12	13	13	13	14	14	14	14	15	15	15	16	16	16	16	17	17	17	18	18	18
19	0	1	1	1	2	2	2	3	3	3	3	4	4	4	5	5	5	6	6	6	7	7	7	8	8	8	9	9	9	10	10	10	10	11	11	11	12	12	12	13	13	13	14	14	14	15	15	15	16	16	16	16	17	17	17	18	18	18	19	19	19
20	0	1	1	1	2	2	2	3	3	3	4	4	4	5	5	5	6	6	6	7	7	7	8	8	8	9	9	9	10	10	10	11	11	11	12	12	12	13	13	13	14	14	14	15	15	15	16	16	16	17	17	17	18	18	18	19	19	19	20	20	20
21	0	1	1	1	2	2	2	3	3	4	4	4	5	5	5	6	6	6	7	7	7	8	8	8	9	9	9	10	10	10	11	11	12	12	12	13	13	13	14	14	14	15	15	15	16	16	16	17	17	18	18	18	19	19	19	20	20	20	21	21	21
22	0	1	1	1	2	2	3	3	3	4	4	4	5	5	6	6	6	7	7	7	8	8	8	9	9	10	10	10	11	11	11	12	12	12	13	13	14	14	14	15	15	15	16	16	16	17	17	18	18	18	19	19	19	20	20	21	21	21	22	22	22
23	0	1	1	2	2	2	3	3	3	4	4	5	5	5	6	6	7	7	7	8	8	8	9	9	10	10	10	11	11	12	12	12	13	13	13	14	14	15	15	15	16	16	16	17	17	18	18	18	19	19	20	20	20	21	21	21	22	22	23	23	23
24	0	1	1	2	2	2	3	3	4	4	4	5	5	6	6	6	7	7	8	8	8	9	9	10	10	10	11	11	12	12	12	13	13	14	14	14	15	15	16	16	16	17	17	18	18	18	19	19	20	20	20	21	21	22	22	22	23	23	24	24	24
25	0	1	1	2	2	2	3	3	4	4	5	5	5	6	6	7	7	8	8	8	9	9	10	10	10	11	11	12	12	12	13	13	14	14	15	15	15	16	16	17	17	18	18	18	19	19	20	20	20	21	21	22	22	22	23	23	24	24	25	25	25
26	0	1	1	2	2	3	3	3	4	4	5	5	6	6	6	7	7	8	8	9	9	10	10	10	11	11	12	12	13	13	13	14	14	15	15	16	16	16	17	17	18	18	19	19	20	20	20	21	21	22	22	23	23	23	24	24	25	25	26	26	26
27	0	1	1	2	2	3	3	4	4	4	5	5	6	6	7	7	8	8	9	9	9	10	10	11	11	12	12	13	13	14	14	14	15	15	16	16	17	17	18	18	18	19	19	20	20	21	21	22	22	22	23	23	24	24	25	25	26	26	27	27	27
28	0	1	1	2	2	3	3	4	4	5	5	6	6	7	7	7	8	8	9	9	10	10	11	11	12	12	13	13	14	14	14	15	15	16	16	17	17	18	18	19	19	20	20	21	21	21	22	22	23	23	24	24	25	25	26	26	27	27	28	28	28
29	0	1	1	2	2	3	3	4	4	5	5	6	6	7	7	8	8	9	9	10	10	11	11	12	12	13	13	14	14	14	15	15	16	16	17	17	18	18	19	19	20	20	21	21	22	22	23	23	24	24	25	25	26	26	27	27	28	28	29	29	29
30	0	1	2	2	2	3	4	4	4	5	6	6	6	7	8	8	8	9	10	10	10	11	12	12	12	13	14	14	14	15	16	16	16	17	18	18	18	19	20	20	20	21	22	22	22	23	24	24	24	25	26	26	26	27	28	28	28	29	30	30	30
31	1	1	2	2	3	3	4	4	5	5	6	6	7	7	8	8	9	9	10	10	11	11	12	12	13	13	14	14	15	16	16	17	17	18	18	19	19	20	20	21	21	22	22	23	23	24	24	25	25	26	26	27	27	28	28	29	29	30	30	31	31
32	1	1	2	2	3	3	4	4	5	5	6	6	7	7	8	9	9	10	10	11	11	12	12	13	13	14	14	15	15	16	17	17	18	18	19	19	20	20	21	21	22	22	23	23	24	25	25	26	26	27	27	28	28	29	29	30	30	31	31	32	32
33	1	1	2	2	3	3	4	4	5	6	6	7	7	8	8	9	9	10	10	11	12	12	13	13	14	14	15	15	16	16	17	18	18	19	19	20	20	21	21	22	23	23	24	24	25	25	26	26	27	28	28	29	29	30	30	31	31	32	32	33	33
34	1	1	2	2	3	3	4	5	5	6	6	7	7	8	8	9	10	10	11	11	12	12	13	14	14	15	15	16	16	17	18	18	19	19	20	20	21	22	22	23	23	24	24	25	26	26	27	27	28	28	29	29	30	31	31	32	32	33	33	34	34
35	1	1	2	2	3	4	4	5	5	6	6	7	8	8	9	9	10	10	11	12	12	13	13	14	15	15	16	16	17	18	18	19	19	20	20	21	22	22	23	23	24	24	25	26	26	27	27	28	29	29	30	30	31	32	32	33	33	34	34	35	35
36	1	1	2	2	3	4	4	5	5	6	7	7	8	8	9	10	10	11	11	12	13	13	14	14	15	16	16	17	17	18	19	19	20	20	21	22	22	23	23	24	25	25	26	26	27	28	28	29	29	30	31	31	32	32	33	34	34	35	35	36	36
37	1	1	2	2	3	4	4	5	6	6	7	7	8	9	9	10	10	11	12	12	13	14	14	15	15	16	17	17	18	18	19	20	20	21	22	22	23	23	24	25	25	26	27	27	28	28	29	30	30	31	31	32	33	33	34	35	35	36	36	37	37
38	1	1	2	3	3	4	4	5	6	6	7	8	8	9	10	10	11	11	12	13	13	14	15	15	16	16	17	18	18	19	20	20	21	22	22	23	23	24	25	25	26	27	27	28	28	29	30	30	31	32	32	33	34	34	35	35	36	37	37	38	38
39	1	1	2	3	3	4	5	5	6	6	7	8	8	9	10	10	11	12	12	13	14	14	15	16	16	17	18	18	19	20	20	21	21	22	23	23	24	25	25	26	27	27	28	29	29	30	31	31	32	32	33	34	34	35	36	36	37	38	38	39	39
40	1	1	2	3	3	4	5	5	6	7	7	8	9	9	10	11	11	12	13	13	14	15	15	16	17	17	18	19	19	20	21	21	22	23	23	24	25	25	26	27	27	28	29	29	30	31	31	32	33	33	34	35	35	36	37	37	38	39	39	40	40
41	1	1	2	3	3	4	5	5	6	7	8	8	9	10	10	11	12	12	13	14	14	15	16	16	17	18	18	19	20	20	21	22	23	23	24	25	25	26	27	27	28	29	29	30	31	31	32	33	33	34	35	36	36	37	38	38	39	40	40	41	41
42	1	1	2	3	4	4	5	6	6	7	8	8	9	10	10	11	12	13	13	14	15	15	16	17	18	18	19	20	20	21	22	22	23	24	24	25	26	27	27	28	29	29	30	31	32	32	33	34	34	35	36	36	37	38	38	39	40	41	41	42	42
43	1	1	2	3	4	4	5	6	6	7	8	9	9	10	11	11	12	13	14	14	15	16	16	17	18	19	19	20	21	22	22	23	24	24	25	26	27	27	28	29	29	30	31	32	32	33	34	34	35	36	37	37	38	39	39	40	41	42	42	43	43
44	1	1	2	3	4	4	5	6	7	7	8	9	10	10	11	12	12	13	14	15	15	16	17	18	18	19	20	21	21	22	23	23	24	25	26	26	27	28	29	29	30	31	32	32	33	34	34	35	36	37	37	38	39	40	40	41	42	43	43	44	44
45	1	2	2	3	4	4	5	6	7	8	8	9	10	10	11	12	13	14	14	15	16	16	17	18	19	20	20	21	22	22	23	24	25	26	26	27	28	28	29	30	31	32	32	33	34	34	35	36	37	38	38	39	40	40	41	42	43	44	44	45	45
46	1	2	2	3	4	5	5	6	7	8	8	9	10	11	12	12	13	14	15	15	16	17	18	18	19	20	21	21	22	23	24	25	25	26	27	28	28	29	30	31	31	32	33	34	34	35	36	37	38	38	39	40	41	41	42	43	44	44	45	46	46
47	1	2	2	3	4	5	5	6	7	8	9	9	10	11	12	13	13	14	15	16	16	17	18	19	20	20	21	22	23	24	24	25	26	27	27	28	29	30	31	31	32	33	34	34	35	36	37	38	38	39	40	41	42	42	43	44	45	45	46	47	47
48	1	2	2	3	4	5	6	6	7	8	9	10	10	11	12	13	14	14	15	16	17	18	18	19	20	21	22	22	23	24	25	26	26	27	28	29	30	30	31	32	33	34	34	35	36	37	38	38	39	40	41	42	42	43	44	45	46	46	47	48	48
49	1	2	2	3	4	5	6	7	7	8	9	10	11	11	12	13	14	15	16	16	17	18	19	20	20	21	22	23	24	24	25	26	27	28	29	29	30	31	32	33	33	34	35	36	37	38	38	39	40	41	42	42	43	44	45	46	47	47	48	49	49
50	1	2	2	3	4	5	6	7	8	8	9	10	11	12	12	13	14	15	16	17	18	18	19	20	21	22	22	23	24	25	26	27	28	28	29	30	31	32	32	33	34	35	36	37	38	38	39	40	41	42	42	43	44	45	46	47	48	48	49	50	50
51	1	2	3	3	4	5	6	7	8	8	9	10	11	12	13	14	14	15	16	17	18	19	20	20	21	22	23	24	25	26	26	27	28	29	30	31	31	32	33	34	35	36	37	37	38	39	40	41	42	42	43	44	45	46	47	48	48	49	50	51	51
52	1	2	3	3	4	5	6	7	8	9	10	10	11	12	13	14	15	16	16	17	18	19	20	21	22	23	23	24	25	26	27	28	29	29	30	31	32	33	34	35	36	36	37	38	39	40	41	42	42	43	44	45	46	47	48	49	49	50	51	52	52
53	1	2	3	4	4	5	6	7	8	9	10	11	11	12	13	14	15	16	17	18	19	19	20	21	22	23	24	25	26	26	27	28	29	30	31	32	33	34	34	35	36	37	38	39	40	41	42	42	43	44	45	46	47	48	49	49	50	51	52	53	53
54	1	2	3	4	4	5	6	7	8	9	10	11	12	13	14	14	15	16	17	18	19	20	21	22	22	23	24	25	26	27	28	29	30	31	32	32	33	34	35	36	37	38	39	40	40	41	42	43	44	45	46	47	48	49	50	50	51	52	53	54	54
55	1	2	3	4	5	6	6	7	8	9	10	11	12	13	14	15	16	16	17	18	19	20	21	22	23	24	25	26	27	28	28	29	30	31	32	33	34	35	36	37	38	38	39	40	41	42	43	44	45	46	47	48	49	50	50	51	52	53	54	55	55
56	1	2	3	4	5	6	7	7	8	9	10	11	12	13	14	15	16	17	18	19	20	21	21	22	23	24	25	26	27	28	29	30	31	32	33	34	35	35	36	37	38	39	40	41	42	43	44	45	46	47	48	49	49	50	51	52	53	54	55	56	56
57	1	2	3	4	5	6	7	8	9	10	10	11	12	13	14	15	16	17	18	19	20	21	22	23	24	25	26	27	28	28	29	30	31	32	33	34	35	36	37	38	39	40	41	42	43	44	45	46	47	48	48	49	50	51	52	53	54	55	56	57	57
58	1	2	3	4	5	6	7	8	9	10	11	12	13	14	14	15	16	17	18	19	20	21	22	23	24	25	26	27	28	29	30	31	32	33	34	35	36	37	38	39	40	41	42	43	44	44	45	46	47	48	49	50	51	52	53	54	55	56	57	58	58

Deklinations-Schalttafel aus Band 3, H.O. 249 oder A.P. 3270

Stichwortverzeichnis

In der KLEINEN YACHT-BÜCHEREI liegen bisher folgende Titel vor:

1 Das kleine Sternenbuch
Für Sternenfreunde, Segler und Seeleute von W. Stein (DM 13,80)

2 Wie konstr. und baut man ein Boot
Wegweiser f. Konstruktion, Bau, Kauf und Beurteilung von Segel- u. Motorfahrzeugen von K. Marconi (DM 14,80)

4 Navigation leicht gemacht
Eine Einführung in die Küstennavigation von W. Stein (DM 12,80)

8 Wetterkunde
Eine Einführung in das für jeden Segler u. Motorbootfahrer so wichtige Thema „Wetter" von W. Stein (DM 10,80)

9 Knoten, Spleißen, Takeln
Vom richtigen Umgang mit Leinen und Knoten von E. Sondheim (DM 10,80)

10 Funknavigation auf kleinen Schiffen
Von der Ausrüstung bis zur Praxis von A. Stahnke (DM 13,80)

11 Vom Ankern und Ankergeschirr
Viel Wissenswertes über den Anker, seinen Zweck und seine Bedienung von A. T. Colin (DM 13,80)

12 Schneller als der Wind
Handbuch des Eissegelns von M. J. Tidick (DM 9,40)

13 8 x Wassersport
Internationales Wörterbuch von B. Webb (DM 9,80)

15 Finn-Fibel
Vom Umgang mit der olympischen Einmannjolle von C. Ochwadt (DM 9,80)

16 Elektrizität auf Yachten
Ein Ratgeber und Nachschlagewerk von U. Mohr (DM 10,80)

17 Lichterführung und Signale
Bildkommentare zur Seeschiffahrtstraßenordnung und Seestraßenordnung von H. Overschmidt

18 Umgang mit Bootsanhängern
Über Bau, Kauf und Benutzung von Bootsanhängern v. J. Schult (DM 12,80)

19 Olympia-Klassen
Ihre Entstehung, ihre Entwicklung, ihre Meister von K. Krüger (DM 9,80)

20 Ich kaufe ein Segelboot
Eine Kaufberatung von K. Freund (DM 10,80)

21 Astronomische Navigation
Eine leicht verständliche Einführung von W. Stein (DM 13,80)

22 Sicherheit auf See
Ein wichtiges Buch für jeden Yachteigner von U. Mohr (DM 12,80)

23 Elvström erklärt . . .
kurz und knapp die Wettsegelbestimmungen 1969 (DM 9,80)

25 Beaufort 10 — was tun?
Sturmfibel für Yachten von F. Robb (DM 9,80)

26 Überhol deine Navigation
Yacht-Kursus für Segler und Motorbootfahrer v. W. Luchmann (DM 9,80)

27 Medizin an Bord
Ärztlicher Ratgeber für den Notfall von Dr. med. K. Bandtlow (DM 10,80)

28 Kleines Signalbuch
Für den Sportschiffer zusammengestellt von E. O. Braasch (DM 9,80)

29 Allgemeines Seefunksprechzeugnis
Alles, was man zur Erlangung des Seefunksprechzeugnisses wissen muß, zusammengestellt von Overschmidt/Mügge (DM 14,80)

30 Wettsegeln leicht gemacht
Verständliche, an Hand von Zeichnungen dargestellte Einführung in die Wettsegelbestimmungen von C. Gülcher (DM 12,80)

31 Katamarane und andere Mehrrumpfboote
Ein Buch über diesen besonderen Bootstyp und seine Probleme von H.-J. Sass (DM 12,80)

32 Bootspflege selbst gemacht
Bilder u. Texte von J. Schult (DM 9,80)

33 Bootsreparaturen selbst gemacht
J. Schult behandelt hauptsächlich die Reparatur von Kunststoffbooten (DM 9,80)

Zur Zeit sind die Bände Nr. 3, 5, 6, 7, 14 und 24 vergriffen.
Die Reihe wird laufend fortgesetzt. Fragen Sie bitte Ihren Buchhändler!

VERLAG KLASING + CO GMBH BIELEFELD BERLIN